Beraten kann man lernen

Ein Trainingshandbuch für Lehrerinnen und Lehrer

von
Dr. Udo Kliebisch

WINGEN
VERLAG
ESSEN

Schlagworte: Beratungslehrer
Elternberatung
Schülerberatung

Titelfoto © by HERZOG / present, foto-present, 45127 Essen

© 1995 by Verlag für Wirtschaft und Verwaltung Hubert Wingen GmbH + Co
Alfredistraße 32 · 45127 Essen
Tel.: 02 01 / 22 25 41   FAX: 02 01 / 22 96 60
ISBN: 3-8028-0237-3   Art.-Nr. 281022

Druck: Druckerei Runge GmbH, Cloppenburg

INHALT

EINFÜHRUNG

„Jeder Mensch will sein Leben mit Würde leben, will Selbstverwirklichung. Aber das Leben hinterläßt Narben, die uns von diesen Zielen ablenken. Die Gesellschaft bringt uns ein Verhalten bei, das mit diesen Zielen unvereinbar ist.

Die Folge ist, daß es in der Welt zahlreiche Menschen gibt, die ihre eigenen Vorzüge und Stärken nicht erkennen oder die sich als Unterlegene, Minderwertige verhalten, weil sie sich für unterlegen und minderwertig halten. "

(Fensterheim/Baer 1977, 18)

In diesem Kapitel

- geben wir Ihnen grundlegende Hinweise auf den in dieser Arbeit vorgetragenen ganzheitlichen Beratungsansatz;

- führen wir Sie in die Struktur des vorliegenden Beratungsbuches ein;

- erläutern wir, wie Sie die folgenden Kapitel effektiv für Ihre eigene Beratungspraxis nutzen können.

Wer tagtäglich mit Beratungsfällen zu tun hat, wird zweifellos nicht nur Erfolge verbuchen; aus den unterschiedlichsten Gründen machen wir alle immer wieder die Erfahrung, daß Beratung mitunter nicht gelingt, obwohl sich alle Beteiligten mit besten Kräften mühen, mit den anstehenden Problemen konstruktiv umzugehen. Mag sein, daß der eine oder andere Berater auch an seinen Fähigkeiten zu zweifeln beginnt, wenn das persönliche Maß an Mißerfolgen zu groß wird; im allgemeinen jedoch wird er sich aufdrängenden Anflügen von Niedergeschlagenheit mit der Frage begegnen, wie er seine Arbeit denn besser hätte ausführen können oder sollen.

Das vorliegende Buch „Beraten kann man lernen" versucht, solchen schwierigen Beratungssituationen vorzubeugen oder, soweit sie bereits eingetreten sind, sinnvolle Hilfe anzubieten, mit ihnen effektiver fertig zu werden. Wie dies genau geschieht, läßt sich in vier Punkten konkretisieren (s.a. Abb. 1):

Beratung als soziale Interaktion

Wer einen Beratungsprozeß angemessen vorbereiten und beurteilen will, muß sich der Tatsache bewußt sein, daß Beratung stets als soziale Interaktion zu begreifen ist. Wie in jeder sozialen Interaktion werden somit auch im Rahmen des Beratungsgeschehens jene Mechanismen in Gang gesetzt und unterhalten, die allenthalben wirksam sind, wenn Menschen einander begegnen und miteinander kommunizieren.

Sich darüber klar zu werden, wie dabei die interpersonale Wahrnehmung abläuft, wie sich ein längerer Kontakt zwischen Menschen auf die Beziehung zueinander auswirkt und welche Rolle in diesem Zusammenhang das Vertrauen spielt, steht im Mittelpunkt des ersten Kapitels und stellt zugleich eine wesentliche Voraussetzung für das Verständnis der weiteren Überlegungen in diesem Buch und nicht zuletzt für einen am Grundsatz der Ganzheitlichkeit orientierten Beratungserfolg selbst dar (s. Kap. 1).

Der ganzheitliche Ansatz

Das in diesem Beitrag vertretene Beratungskonzept versteht sich als ganzheitlich. Was ist damit gemeint?

Nur wenn ein Mensch sich in seinen emotionalen und rationalen Anteilen in ähnlich starker Weise angesprochen fühlt, wird bei ihm Veränderungsarbeit möglich. Was ein Mensch im Verlaufe einer Beratung an neuen Verhaltensweisen lernt und simulierend ausprobiert, wird sich in seiner konkreten Le-

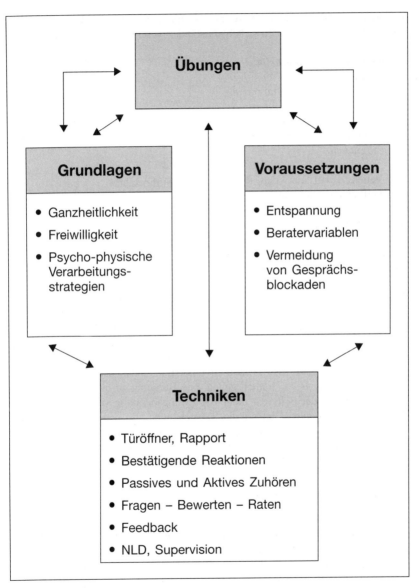

Abb. 1: Die Struktur des Buches

benspraxis erst dann etablieren können, wenn er es verinnerlicht hat und das neue Verhalten mit den alten Lebensumständen vereinbar ist (s. Abb. 2).

Ganzheitliche Beratung heißt:
Den ganzen rational-emotiven Menschen – eben nicht nur seine Vernunft! – in den Veränderungsprozeß einzubeziehen, um so stabile, lebenstaugliche Veränderungen zu ermöglichen.

Wir gehen davon aus, daß diese Ganzheitlichkeit stets als gestört, wenn nicht sogar als zerstört vorausgesetzt werden muß, wenn Beratung erforderlich wird. Anders: Beratung stellt sich aus dieser Perspektive als ein Versuch dar, die gebrochene Erlebniswirklichkeit des Ratsuchenden aufzuarbeiten, zu korrigieren und zu harmonisieren.

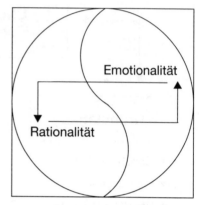

Abb. 2: Die ganzheitliche Persönlichkeit

Dies gelingt nicht ohne die ausdrückliche Zustimmung des Ratsuchenden; er muß sich freiwillig für eine Beratung entscheiden, wenn Beratung erfolgreich sein soll. Der Ratsuchende muß die Beratung wirklich wollen, wenn sie gelingen soll. Der Berater muß also prinzipiell unterstellen, daß der Ratsuchende als Mensch frei genug ist, sich auch gegen eine Beratung zu entscheiden. Nur so kann – gerade in der Schule – einer Art Zwangsberatung vorgebeugt werden. Will man die Erlebniswirklichkeit des Ratsuchenden positiv beeinflussen, bedarf es darüber hinaus eines klaren Verständnisses darüber, wie die äußeren Einflüsse und Situationen vom Individuum intern verarbeitet und dadurch zu krankmachenden Faktoren werden.

Selbstwahrnehmung vor der Beratung

Die ganzheitliche Konzeption impliziert nicht zuletzt die Fähigkeit des Beraters, sich strukturell bereits vor einem konkreten Beratungsgespräch in seiner eigenen psycho-physischen Realität möglichst intensiv zu erleben und dabei zu prüfen, ob er sich dem Belastungsanspruch der Beratungssituation überhaupt gewachsen fühlt. Nur der vergleichsweise streßfreie Berater, der sich authentisch verhält und den Klienten emotional akzeptierend anzunehmen vermag, wird in der Lage sein, in einem anstehenden Beratungsgespräch Kommunikationsblockaden weitgehend zu vermeiden (s. Kap. 3).

Der Einsatz von Gesprächstechniken

Schließlich wird der entspannte Berater von verschiedenen Gesprächstechniken Gebrauch machen, deren Einsatz allerdings nur unter der Voraussetzung Sinn macht, daß sie nicht als bloße, aufgesetzte Methode wirken, sondern sich als integraler Bestandteil in eine harmonische, ganzheitliche Beraterpersönlichkeit wie von selbst einfügen und sich gleichsam von innen heraus ergeben (s. Kap. 4).

Die damit aufgezeigten (theoretischen) Grundüberlegungen der Arbeit werden durch zahlreiche (insgesamt 112) praxisnahe Übungen illustriert, mit deren Hilfe Sie als Leser die entsprechenden Gedanken unmittelbar in Ihre eigene Beratungstätigkeit übernehmen können. Ein Test, mit dem Sie Gelerntes nochmals überprüfen und bedenken können, ergänzt das Übungsangebot.

Im Blick auf einen effektiven Umgang mit den folgenden Kapiteln bedeutet dies aber für Sie als Leser auch, möglichst viele der angebotenen Übungen auch tatsächlich durchzuführen, bevor Sie sich den jeweils nächsten Abschnitten widmen. Bedenken Sie immer, daß Beratung einen Prozeß darstellt, der sich letztlich nur über konsequentes Training optimieren läßt. Wie ein solches Training im einzelnen aussehen könnte, erfahren Sie in diesem Buch.

1. GRUNDLAGEN

„Menschen verursachen ihre Störungen meist selbst. Sie werden mit einer entsprechenden Veranlagung dazu geboren, und durch ihre Erziehung und soziale Umgebung wird diese Tendenz eher noch verstärkt als geschwächt. Sie haben aber auch die Fähigkeit zu durchschauen, wie sie ihre eigenen emotionalen Probleme verursachen (sie können über ihr eigenes Denken nachdenken), und sie können die Veränderung ihrer irrationalen Einstellungen üben und so ihr selbst-sabotierendes Verhalten ablegen."

(Diekstra/Dassen 1982, 58)

In diesem Kapitel

- erfahren Sie, in welcher Weise die anthropologische Unterstellung von Freiheit für die Beratungspraxis von Bedeutung ist;

- stellen wir dar und begründen, weshalb das Prinzip der Ganzheitlichkeit als Ziel eines jeden Beratungsprozesses anzusehen ist;

- zeigen wir Ihnen, auf welchen verschiedenen Ebenen Menschen auf äußere Ereignisse reagieren und zu welchen Konsequenzen dieser interne Verarbeitungsprozeß führt.

1.1 Freiwilligkeit und Beratung

Wir leben in einem freiheitlich-demokratischen Staat, wir genießen freie Wahlen, wir profitieren von einer freien Marktwirtschaft, es gibt das Recht der Meinungsfreiheit, jeder darf seinen Beruf frei wählen, wir sind also frei – sollte man meinen.

Was wir allerdings im einzelnen darunter verstehen, wenn wir in diesem oder in jenem Sinne von Freiheit sprechen, wird dabei oft keineswegs so deutlich, wie man es wünschen sollte. Eine ganze Reihe von Fragen drängt sich sofort auf, wenn man sich die Mühe macht, etwas genauer dem nachzugehen, was es mit diesem Phänomen Freiheit wirklich auf sich hat:

o Ist es immer dieselbe Freiheit, mit der wir es im einzelnen zu tun haben, oder empfiehlt es sich, Unterscheidungen zu treffen und etwa von Wahlfreiheit einerseits und von existentieller Freiheit andererseits zu sprechen?

o Weshalb eigentlich haben Tiere Freiheiten wie etwa das Vermögen zu fliegen, von denen Menschen – zumindest ohne Hilfsmittel – nur träumen können?

o Wie läßt sich überhaupt sinnvoll von menschlicher Freiheit reden, wenn man gleichzeitig von genetischen Dispositionen und Umweltabhängigkeiten sprechen muß?

Wie frei also sind wir wirklich?

Daß die Frage nach der menschlichen Freiheit von nicht geringer Bedeutung auch für Beratungszusammenhänge ist, läßt sich leicht einsehen: Ein Schüler soll seinen Berater ja frei wählen, sein Entschluß, sich überhaupt beraten zu lassen, sollte ebenfalls frei getroffen sein, so wie es in seiner freien Entscheidung steht, den Beratungsprozeß jederzeit abzubrechen, wenn er von ihm nicht (mehr) als effektiv empfunden wird. Wenn freilich die hier – und allenthalben auch sonst! – angenommene Freiheit in Wirklichkeit gar nicht existieren würde, hätte dies nicht unerhebliche Konsequenzen für das Gelingen oder Mißlingen eines jeden Beratungsprozesses.

Man mag einwenden, daß im schulischen Bereich Beratung in der Regel er-folgen *muß*, wenn zum Beispiel bei einem Schüler ein auffälliger Leistungs-rückgang zu beobachten ist oder andere Probleme auftreten. Psychologische Beratung in dem hier vorgestellten Sinne ist freilich nicht mit Laufbahnberatung zu verwechseln.

Übung 1

Überlegen Sie einmal, wann Sie sich das letzte Mal in Ihrem Leben wirklich frei gefühlt haben. Versuchen Sie sich so gut wie möglich in diese Situation zurückzuversetzen, und stellen Sie bei dieser Gelegenheit fest, weshalb Sie damals den Eindruck gewonnen haben, frei zu sein.

Übung 2

Erinnern Sie sich an eine Situation in Ihrem Leben, in der Sie sich besonders unfrei, abhängig, gleichsam als Spielball von Umständen erlebt haben, die Sie nach Ihrem Eindruck selbst gar nicht oder zumindest nicht wesentlich zu Ihren Gunsten beeinflussen konnten. Fragen Sie sich auch hier konkret, wie bei Ihnen der Eindruck der Unfreiheit tatsächlich zustande gekommen ist.

Übung 3

Versuchen Sie für sich selbst zu entscheiden, ob Sie in Ihrem Leben eher frei oder eher unfrei (gewesen) sind. Nutzen Sie dazu eine Skala von „–5" bis „+5"; „–5" bedeutet in diesem Zusammenhang totale Unfreiheit und „+5" totale Freiheit; wenn Sie glauben, etwa in gleichem Maße frei wie unfrei (gewesen) zu sein, müßten Sie für sich die „0" notieren. Begründen Sie anschließend, weshalb Sie zu der gewählten Bewertung gekommen sind.

Übung 4

Fragen Sie sich, in welchen speziellen Situationen Ihres Lebens Sie gerne freier gewesen wären, als es tatsächlich der Fall war. Notieren Sie für jede Situation ein Stichwort als gedanklichen Anker, und begründen Sie danach, weshalb Sie in dem erinnerten Zusammenhang Ihre Unfreiheit besonders unangenehm erlebt haben.

Übung 5

Nennen Sie Zusammenhänge, in denen Sie in der Zukunft gerne freier wären, als es vermutlich der Fall sein wird. Überlegen Sie genau, welche Umstände usw. Ihre Freiheit in den vorgestellten Situationen einschränken und ob Sie Möglichkeiten sehen, an diesen Verhältnissen aus eigener Kraft etwas zu ändern.

Übung 6

Fragen Sie sich vor dem Hintergrund Ihrer Überlegungen zu den Übungen 1 bis 5, ob es denkbar ist, daß ein Klient im eigentlichen Sinne des Wortes freiwillig zu einem Berater kommt, bzw. welche Voraussetzungen ggf. erfüllt sein müssen, um eine solche Freiwilligkeit überhaupt erst zu ermöglichen.

Übung 7

Überlegen Sie, welche Konsequenzen Ihre Gedanken zu Übung 6 für den Beratungsprozeß haben könnten.

Psychologische Beratung ist daher keine Beratung, die die Schule als Institution notwendigerweise durchzuführen hat. Vielmehr stellt sie eine Möglichkeit für die Bewältigung von Schülerproblemen für den Fall dar, daß der beratende Lehrer einen Zugang zu dem ratsuchenden Schüler findet und zugleich der betreffende Jugendliche mit eben diesem Lehrer an seinem Problem arbeiten möchte. Gelingt eine solche Übereinkunft nicht, ist der Beratungserfolg von vornherein gefährdet. Für den Beratungslehrer wie für den ratsuchenden Schüler bedeutet dies, auf einen gemeinsamen Beratungsprozeß zu verzichten. Allerdings ist der Lehrer damit nicht aus der Verantwortung entlassen; vielmehr ist es seine Aufgabe, dem Schüler alternative Beratungsangebote aufzuzeigen. Hier könnten sowohl Kollegen als auch Beratungsstellen als Anlaufpunkte genannt werden.

Das Problem der menschlichen Freiheit ist in der Geschichte vielfach diskutiert und recht unterschiedlich entschieden worden. Arthur Schopenhauer (1968, 561) beispielsweise stellt in diesem Zusammenhang einen Menschen vor, der in folgendes Entscheidungsdilemma gerät:

„ ‚Es ist 6 Uhr abends, die Tagesarbeit ist beendigt. Ich kann jetzt einen Spaziergang machen; oder ich kann in den Klub gehen; ich kann auch auf den Turm steigen, die Sonne untergehn sehn; ich kann auch ins Theater gehn; ich kann auch diesen oder jenen Freund besuchen; ja, ich kann auch zum Tor hinauslaufen, in die weite Welt und nie wiederkommen. Das alles steht allein bei mir, ich habe völlige Freiheit dazu; tue davon jedoch jetzt nichts, sondern gehe ebenso freiwillig nach Hause, zu meiner Frau.‘ “

Die im ersten Augenblick von Schopenhauer scheinbar angenommene absolute Freiheit entpuppt sich bei genauerem Zusehen als absolute Unfreiheit: Menschen sind durch die sozialen Beziehungen, durch ihre Bindungen und die damit verknüpften Motive ihres Handelns in ihrem Verhalten determiniert. Das in einem bestimmten Kontext stärkste Motiv setzt sich durch (vgl. Nietzsche 1966, 1099 ff.). Zwar fühlen sich Menschen in manchen Situationen frei; dies beruht jedoch auf einer geschickt täuschenden Auto-Suggestion.
Mehr allerdings als dieses subjektive Freiheitsgefühl, das wir wohl alle schon einmal erlebt haben, können wir als Beweis von Freiheit nicht einbringen. Daß Menschen durch ihre genetische Disposition vorherbestimmt sind, ist unstrittig; daß Menschen zudem durch die Tatsache der sozialen Umwelt beeinflußt werden, steht ebenfalls außer Frage. Richtig ist darüber hinaus, wie viele Untersuchungen belegen, daß die genetische Struktur einerseits und die soziale Umwelt andererseits aufeinander einwirken; dies kann beispielsweise bei

Mongoloiden und Taubblinden beobachtet werden (s. Welt des Nigel Hunt 1979; Eibl-Eibesfeldt 1972a 458 ff.; ders. 1972b u. 1975, 26 ff.). Fraglich bleibt aber, ob der Mensch auf dem Hintergrund dieser Tatsachen lediglich als Produkt von Anlage- und Umweltfaktoren zu verstehen ist. Es mag Wissenschaften geben, die dies bejahen oder die Frage offen lassen; die Psychologie und die moderne Erziehungswissenschaft können und dürfen sich mit dieser Sicht auf die Wirklichkeit nicht begnügen. Sie müssen – gleichsam um ihrer selbst willen – im Sinne einer kritischen Idee, wie sie schon Kant (1968) formuliert hat, von der Möglichkeit der Freiheit ausgehen, sie müssen sie in ihrer täglichen Arbeit mit Menschen unterstellen, wollen sie nicht auf den Gedanken der Fortentwicklung der Gesellschaft einerseits und den der Möglichkeit der Entwicklung des Individuums und dessen Verantwortung und Emanzipation andererseits von vornherein verzichten.

Auch professionelle Berater werden von der grundsätzlichen Freiheit des Menschen ausgehen; sie ist als Freiwilligkeit zu verstehen, wenn jemand mit einer Beratung beginnt. Allerdings muß man zugeben, daß beispielsweise im Schulbereich oftmals von freiwilliger Beratung nur noch begrenzt gesprochen werden kann. Wenn eine Lehrerin mit einem Schüler Schwierigkeiten hat, weil dieser fortdauernd durch Seitengespräche den Unterrichtsablauf stört, und sie sich deshalb dazu entschließt, diesen Schüler zum Schulpsychologen oder Beratungslehrer zu schicken, wird sie sich erst einmal darüber klar werden müssen, ob der betreffende Schüler überhaupt zur Beratung bereit ist.

Eine solche Klärung lohnt sich in jedem Fall. Erst sie stellt sicher, daß der potentielle Ratsuchende auch wirklich motiviert ist, an seinem Problem zu arbeiten. Wenn Sie selbst in eine Situation geraten sollten, in der Sie sich nicht klar darüber sind, ob der Ihnen vorgestellte Ratsuchende auch tatsächlich Ihren Rat wünscht, führen Sie einfach den folgenden Check-up durch. Er wird Ihnen helfen herauszufinden, wie groß die Freiwilligkeit des Betreffenden ist.

Als Menschen sind wir demnach zwar auf der einen Seite gleichsam zur Freiheit geboren, wodurch es ohne Frage in vielen Fällen zu sach- und personenunangemessenem Verhalten kommt, für das wir in nicht unerheblichem Maße schließlich die Verantwortung zu übernehmen haben (vgl. Sartre 1975). Auf der anderen Seite aber stehen wir ebenso selbstverständlich stets in verschiedenen Abhängigkeiten und scheinen aus dieser Sicht ebenfalls kaum in der Lage zu sein, unser Handeln so einzurichten, daß es von uns selbst und anderen grundsätzlich als problemlos empfunden wird. Diese Wechselbeziehung zwischen Freiheit und Abhängigkeit stellt sich als die wesentliche anthropologische Voraussetzung für Beratungsprozesse dar. Durch diese Struktur werden sowohl Beratungsanlässe – zum Beispiel in Gestalt von Konflikten, Beziehungsproblemen oder Lernstörungen – geschaffen als auch den jeweils Betroffenen zweifellos Möglichkeiten geboten, sich zumindest in relativer Freiheit wiederum einem (Beratungs)Lehrer anzuvertrauen; das alles mit dem Ziel, auf diese Weise mit den eigenen Schwierigkeiten in Zukunft besser fertig zu werden (s.a. Abb. 3).

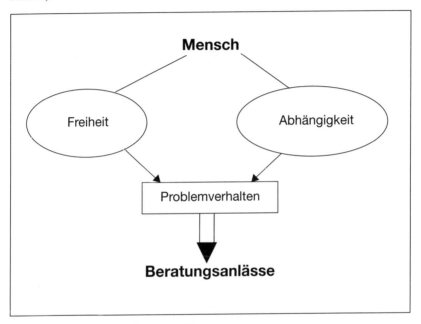

Abb. 3: Die Entstehung von Beratungsanlässen

Die in diesem Gedankengang allerdings bereits unterstellte Freiheit muß von jedem Menschen im Verlaufe eines vergleichsweise langen Entwicklungs- und Sozialisationsprozesses in steter Interaktion mit anderen erworben und erprobt werden, um als ganzheitlich orientierte Ich-Identität schließlich auch erfolgreich gelebt werden zu können.

Check-up zur Freiwilligkeit

1. Schritt

Lassen Sie den Ratsuchenden über das Problem berichten, weshalb er zu Ihnen gekommen bzw. geschickt worden ist.

„Ich möchte gern erfahren, worum es geht. Würdest Du darüber erzählen?"

Achten Sie bei der Darstellung des Ratsuchenden darauf, ob er das Problem, über das er spricht, als sein eigenes definiert oder als eines, für das andere Menschen oder bestimmte Umstände verantwortlich sind.

2. Schritt

Wenn Sie feststellen, daß der Ratsuchende das Problem nicht als sein persönliches versteht, fragen Sie ihn, ob Ihre Einschätzung in diesem Punkt aus der Sicht des Schülers prinzipiell zutrifft:

„Wenn Du noch einmal darüber nachdenkst, ist es dann richtig, daß in Wahrheit nur Frau X / Herr Y / die Situation Z dafür verantwortlich ist, daß Du Dich so verhalten hast?"

Erhalten Sie auf diese Frage Zustimmung, sollten Sie an dieser Stelle den Beratungsprozeß bereits abbrechen. Denn nur wenn jemand ein Problem für sein eigenes hält, wird er auch fähig sein, daran konstruktiv etwas zu ändern.

Die oftmals praktizierte Strategie, in einem solchen Fall dem von einem Kollegen geschickten Schüler das Problem einzureden, welches dieser nicht als sein eigenes annimmt und das in Wahrheit der Kollege selbst mit diesem Schüler hat, macht keinen Sinn und führt lediglich zu Widerstandshaltungen, die die Beziehung vergiften und zudem kaum überwunden werden können.

3. Schritt

Wenn der betroffene Schüler das Problem, um das es geht, als ein Problem bestimmt, das er selbst besitzt, sollten Sie anschließend feststellen, wie ernst der Schüler das Problem nimmt und wie wichtig ihm dessen Beseitigung ist:

„Du hast Dich X gegenüber in der Situation Z auf diese Weise verhalten, stört Dich das?"

Wenn das Verhalten nicht als störend empfunden wird, brechen Sie an dieser Stelle die Beratung ab. Eine Veränderungsarbeit setzt voraus, daß der Ratsuchende sein Problem auch für eines hält, das sich zu beseitigen lohnt. Dies wiederum impliziert eine Belastungserfahrung, einen Leidensdruck, der groß genug ist, um zur Veränderungsarbeit zu motivieren.

Sollten Sie als Lehrer einen Beratungsbedarf erkennen, der betreffende Schüler aber nicht, befinden Sie sich zunächst in einem Dilemma. Geraten Sie nicht in die Erlöser-Falle und vermeiden Sie, den Jugendlichen gegen seinen Willen zu beraten. Haben Sie den Eindruck, daß Gefahr im Verzug ist, besprechen Sie sich mit Kollegen, dem Schulleiter und führen Sie Gespräche mit den Eltern des Heranwachsenden. Machen Sie unter Umständen alternative Beratungs- und Therapieangebote.

4. Schritt

Empfindet der Schüler sein Verhalten für sich selbst als störend, fragen Sie danach, ob dies für ihn bedeutet, sich beraten zu lassen:

„Also, daß Du Dich in der Situation Z so verhalten hast, stört Dich und Du möchtest das ändern?"

5. Schritt

Signalisiert der Schüler Veränderungsbereitschaft, stellen Sie sicher, daß er auch wirklich mitarbeiten will:

„Ich möchte Dir dabei helfen, ein Verhalten zu finden, das Dich auf angenehmere Weise zu Deinem Ziel bringt, ohne daß Du dabei irgend eines Deiner Bedürfnisse und dessen Befriedigung aufgeben müßtest. Wärest Du bereit, mit mir an einem solchen neuen Verhalten zu arbeiten?"

6. Schritt

Antwortet der Schüler mit „*Ja.*", beginnen Sie die Beratung!
Reagiert der Schüler unschlüssig oder sogar mit „*Nein!*", überlegen Sie, ob seine Reaktion vielleicht etwas mit Ihrer Person zu tun hat.

„*Was müßte geschehen, daß Du einer Arbeit an einem neuen Verhalten zustimmen könntest?*"

Lassen Sie sich von dem Schüler mögliche Alternativen nennen. Erfahren Sie diese nicht, gehen Sie zu Schritt 4 zurück, und durchlaufen Sie den Prozeß dann noch einmal.

1.2 Ganzheitlichkeit als Ziel der Beratung

Identitätsgewinnung, so wie sie Krappmann versteht, ist immer ein sozial und kommunikativ vermittelter Interaktionsprozeß. Menschen lernen also, in steter Auseinandersetzung mit anderen Menschen ihre eigene Identität zu entwickeln. Bei solchen Interaktionen artikulieren die Menschen ihre Bedürfnisse, Einwände, Vorbehalte usw. mit Hilfe der Sprache (Krappmann 1975, 7 ff.). Im Verlaufe dieser Interaktionsprozesse erwerben die Menschen – mehr oder minder intensiv – verschiedene Fähigkeiten, die für ihr Leben in der Gemeinschaft nützlich sind. Zu diesen Fähigkeiten gehören u.a. Rollendistanz, Role-taking, Ambiguitätstoleranz und Identitätsdarstellung (vgl. Oerter 1975, 71 ff.).

Gewinnt man Distanz zur eigenen gesellschaftlichen Rolle, also zu den Erwartungen, die andere an einen stellen, so gewinnt man die Möglichkeit zu selbstkritischer Reflexion seines eigenen Tuns und damit auch zu dessen Korrektur.
Unter Role-taking versteht man die Fähigkeit, sich in die Situation eines anderen Menschen so hineinzuversetzen, daß man dessen Verhalten aus der Perspektive des anderen verstehen lernt. Diese Fähigkeit ermöglicht es, besser auf einen anderen Menschen einzugehen und seine Weltsicht zu teilen. Das damit vermittelte Gefühl von Gemeinsamkeit wird Konflikte verhindern bzw. schneller und effektiver beseitigen helfen.

Als Ambiguitätstoleranz wird jene Fähigkeit des Individuums verstanden, sich unterschiedlichen und zum Teil widersprüchlichen Normen und Erwartungen gegenüber offen zu verhalten. Der Mensch soll in der Lage sein, die differierenden Vorstellungen wahrzunehmen und ihre Spannung auszuhalten. Diese Haltung ist nicht mit der einer bloßen Akzeptanz des Bestehenden zu verwechseln. Vielmehr soll der Heranwachsende die aufgrund unterschiedlicher Auffassungen auftretenden Konflikte und Schwierigkeiten nicht ignorieren, sondern konstruktiv bewältigen. Schließlich lernt der Jugendliche im Laufe der Sozialisation, mehr und mehr seine eigenen Erwartungen und Bedürfnisse anderen darzustellen. Diese Identitätsdarstellung gilt als Voraussetzung für einen vertrauensvollen Umgang mit einem anderen Menschen. Erst wenn ich weiß, wer der andere ist, was er denkt und wie er sich verhält, werde ich mit ihm eine stabile Interaktion eingehen können.

Gelingt es einem Menschen, die beschriebenen Fähigkeiten im Laufe seiner Entwicklung zum Erwachsenen in ausreichendem Maße zu erwerben, wird er sich als kritisch-konstruktives Mitglied der Gemeinschaft erweisen. „Ich bin, zu dem ich stehe und was ich verantworte", faßt Theodor Ballauf (1970, 56) zusammen, was als Ergebnis jenes Prozesses sozialer und persönlicher Identitätsgewinnung steht: die ich-starke und ich-identische Persönlichkeit.

Für Jugendliche und Erwachsene heute ist es freilich nicht einfach, jene angesprochene Ich-Identität zu erlangen und langfristig auch zu bewahren. Dies ist bedingt durch eine historische Entwicklung, die bis an den Beginn der Neuzeit zurückreicht. Seit dem Aufkommen der modernen Naturwissenschaften ist über Descartes' kritischen Rationalismus sowie über die Aufklärung bis hin zur heute beobachtbaren dritten industriellen Revolution in Gestalt von Computern und immer effektiver arbeitenden micro chips eine einseitige Forderung und damit auch Förderung der menschlichen Vernunft das Wort geredet worden. Das Ergebnis dieser Überbetonung der rationalen Anteile des Menschen hat zu einer enormen Vernachlässigung und Verkümmerung der emotionalen Potentiale des Menschen geführt. Ganzheitliche, ich-identische Persönlichkeiten sind aber nur solche, die sowohl die Fähigkeit zu denken als auch die zu fühlen gleich stark entwickelt und miteinander in Einklang gebracht haben.

Die Überbetonung der Vernunft führt beim Menschen unweigerlich zu wahrnehmbaren und zugleich belastenden psycho-physischen Defiziten, die für so manchen wiederum die äußeren Anlässe dafür darstellen, überhaupt eine professionelle Beratung aufzusuchen. Beratung hat, vor diesem Hintergrund betrachtet, das Ziel, die persönliche, als mangelhaft erlebte Situation in Richtung auf ein größeres Gleichgewicht von Emotionalität und Rationalität hin zu verändern, was bei genauerem Zusehen einer Stärkung insbesondere der gefühlsmäßigen Fähigkeiten des Ratsuchenden gleichkommt (vgl. a. Kliebisch 1991a u. b; s. Abb. 4).

Übung 8

Fragen Sie sich einmal, wann Sie das letzte Mal in Ihrem Leben Ihren Mitmenschen Ihre wahren Emotionen wirklich gezeigt, also etwa herzlich gelacht oder beispielsweise aus Traurigkeit geweint haben. Versuchen Sie sich daran zu erinnern, wie die anwesenden Personen auf Ihre Gefühle reagiert und wie Sie sich selbst dabei gefühlt haben. Welche Konsequenzen haben Sie für sich aus der damaligen Erfahrung gezogen?

Übung 9

Können Sie sich an eine Situation an Ihrem Arbeitsplatz Schule erinnern, in der Sie Trost brauchten und ihn tatsächlich erhalten haben? Wie haben Sie die Situation empfunden? Welche Erfahrungen haben Sie danach mit dem/den Menschen gemacht, die Ihnen Trost gespendet haben? Wie erklären Sie sich Ihre Beobachtungen?

Übung 10

Wieviele Situationen fallen Ihnen spontan ein, in denen Sie Ihre Gefühle nicht gezeigt haben, obwohl Sie ein Bedürfnis danach hatten? Wie haben Sie diese Situationen empfunden? Welche Gründe könnten Sie benennen, die Sie dazu veranlaßt haben, so zu handeln, wie Sie es tatsächlich getan haben? Welche Folgerungen haben Sie aus Ihren Erfahrungen gezogen?

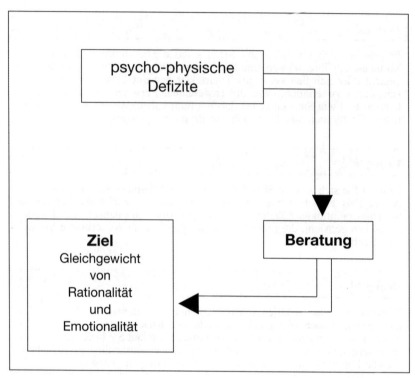

Abb. 4: Das Ziel der Beratung

Will man den angedeuteten negativen Auswirkungen des nach wie vor andauernden Prozesses einer emotionalen Verödung des Menschen (Schulen, Universitäten und Arbeitsplätze verkommen gerade heute mehr denn je zu Lern- und Produktionsfabriken!) bereits im (Beratungs-)Vorfeld konstruktiv begegnen, bedarf es einer nicht unerheblichen, gesellschaftspolitischen Werte-Umorientierung. Gerade soziale Kompetenz und Sensibilität müssen stärker als bisher favorisiert werden. Eine Rehabilitierung des Emotionalen ist mithin erforderlich, um auf diese Weise – zumindest in the long run! – dem Menschen die Wiedererlangung wahrer Identität im Sinne einer ganzheitlich verstandenen Einheit von Denken und Fühlen zu ermöglichen, eine Einheit, die sowohl die rationale wie die emotionale Emanzipation des Individuums impliziert (vgl. Kliebisch 1994a; s.a. Abb. 5).

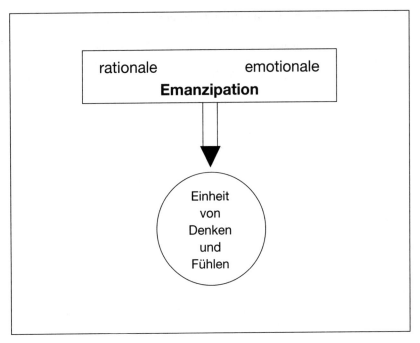

Abb. 5: Emanzipation und Ganzheitlichkeit

1.3 Psycho-physische Verarbeitungsstrategien

Im Rahmen der alltäglichen sozialen Interaktionen hat der Mensch die Chance, sich frei zu fühlen, sich auch frei für oder gegen etwas zu entscheiden. Denn „... wenn es ihm dafürsteht, kann der Mensch stärker sein als äußere Umstände und innere Zustände, er hat die Macht, ihnen zu trotzen, und innerhalb dieses Spielraums, den das Schicksal ihm läßt, ist er frei" (Frankl 1973, 168).

Aufgrund der damit angedeuteten Entscheidungsfreiheit kann ein Mensch sich auch dazu entschließen, sich von einem anderen beraten zu lassen. Freilich setzt eine solche Entscheidung, ist sie begründet und durch ein echtes Verlangen nach Veränderung motiviert, auf seiten des Betroffenen bereits eine bestimmte Interpretation seiner Situation voraus:

○ Er muß seine Lage als problematisch erleben.
○ Er muß sein Verhalten als für sich selbst als störend empfinden.

Solche Interpretationen basieren notwendig auf Vorerfahrungen und Vorurteilen, die der betreffende Mensch in seinem Leben gemacht hat. Diese werden den tatsächlichen Wahrnehmungsinhalten übergestülpt. Nicht die Ereignisse selbst also sind es schließlich, auf die wir mit – positiver oder negativer – Betroffenheit reagieren, sondern die Sicht, die wir uns von den Dingen gemacht haben, veranlaßt uns zum Handeln (vgl. Dilts u.a. 1987).

Jeder von uns hat eine Vielzahl von kognitiven Mustern im Kopf; es sind die Landkarten, die wir uns von jenen Ereignissen hergestellt haben, mit denen wir in unserem Leben konfrontiert worden sind. Es handelt sich bei diesen Mustern sozusagen um die Lernergebnisse unseres Lebens. Daß wir sie in jeder neuen Situation hervorrufen und zur Interpretation der Umstände, in die wir geraten sind, nutzen, ist auf den ersten Blick vernünftig und rationell. Warum sollte man nicht auf Erfahrungen zurückgreifen, die sich bereits als nützlich erwiesen haben?

Allerdings stellt sich heraus, daß manche der von uns verwendeten Interpretationsmuster keineswegs so hilfreich sind, wie es den Anschein hat. Immer dann, wenn unsere Interpretation die Situation gleichsam überzeichnet, entstehen Schwierigkeiten. Signalisiert unser Kopf uns beispielsweise eine Gefahr, zeichnet er diese aber größer, als sie in Wirklichkeit ist („Ich steige niemals in ein Flugzeug! Es könnte ja abstürzen!"), werden unsere Reaktionen inadäquat ausfallen. Gleiches geschieht, wenn ein Mensch im Zustand der absoluten Verliebtheit die Fehler seines Partners nicht mehr wahrnimmt, weil das ausgelöste Interpretationsmuster („Ich mag Dich so, wie Du bist!") den Blick für die Schwächen des Anderen verstellt.

Wichtig ist zu erkennen, daß überzogene Reaktionsweisen von Menschen in aller Regel mit kognitiven Landkarten einhergehen, die sich sehr weit von der Wirklichkeit entfernt haben. Diese Inkongruenz muß nur groß genug werden, dann wird auch der Betroffene seine eigenen Handlungen als störend empfinden, sein Leidensdruck wird sich vergrößern und die Bereitschaft, sich von anderen helfen zu lassen, wird wachsen.

Gerade im Gefühlsbereich erleben Menschen vergleichsweise rasch, wenn sozusagen „etwas nicht stimmt". Frühere Generationen etwa haben noch geglaubt, menschliche Stimmungen und Gefühle seien das Produkt des Herzens. Heute ist man sich einig: Gefühle und Stimmungen sind Produkte unseres Gehirns; Gefühle und Stimmungen sind auf unverwechselbare Weise mit den kognitiven Mustern verknüpft, die unser Gehirn uns in jeder Situation unseres Lebens zur Verfügung stellt, um diese Situationen zu interpretieren und dadurch als angenehm, nebensächlich, gefährlich oder problematisch einordnen zu können.

In ähnlicher Weise verhält es sich mit den körperlichen Reaktionen, die im Zusammenhang mit den verschiedenen Stimmungen und durchaus gleichzeitig mit entsprechenden Gedanken in einer Situation auftreten können: Auch bei den physiologischen Abläufen handelt es sich letztlich um ein Produkt unseres Gehirns; genauer gesagt ist es das Limbische System, der Hauptbestandteil des Stammhirns, das als Steuerungszentrale über seine Rinde den Hypothalamus und das gesamte vegetative Nervensystem beeinflußt und so die primitiven Lebensvorgänge (Atmung, Blutdruck etc.) reguliert (vgl. Ditfurth 1972 u. 1976; Erben 1976; Vester 1980a u. b).

Das für die rationalen Verstandesleistungen zuständige Großhirn ist demnach in seiner Arbeit keineswegs souverän, sondern wird vielmehr beständig von den archaischen Hirnteilen manipuliert, wodurch sich im Kontext der psycho-physischen Wahrnehmung des Individuums eine dauernde Überlagerung und wechselseitige Verstärkung und Abschwächung von gedanklichen, körperlichen und emotionalen Strukturen ergibt. Vor diesem Hintergrund ist es beispielsweise durchaus vorstellbar, daß in einer konkreten Situation die vom Zwischenhirn gesteuerten Gefühlsregungen früher auftreten als die Möglichkeit der rationalen Verarbeitung derselben Situation und der entsprechenden Gefühlsinhalte. Dies erklärt etwa, weshalb wir dazu fähig sind, uns in einer Runde völlig unbekannter

Menschen spontan wohl oder unbehaglich zu fühlen, obwohl wir für diese Reaktion keinerlei direkte Begründung anzugeben vermögen.

Bei genauerem Zusehen allerdings wird rasch deutlich, daß Gedanken und Gefühle nicht voneinander zu trennen sind und nicht nacheinander auftreten. Wenn wir emotional reagieren, werden uns die mit dieser Reaktion verknüpften Gedanken allerdings oftmals nicht sofort bewußt, obwohl sich bei diesem Vorgang nur das Bewußtwerden der Gedanken verzögert hat, sie in Wahrheit den Prozeß von Anfang an begleitet haben. So gesehen läßt sich mit gleichem Recht behaupten, daß die in unserem Großhirn gespeicherten kognitiven Strukturen, also unsere Gedanken, allererst dafür verantwortlich sind, daß Gefühle ausgelöst und körperliche Reaktionen aktiviert werden (s. u.a. Ellis 1962a; 1978; 1984b; Ellis/Grieger 1979; Diekstra/Dassen 1982).

Übung 11

Nehmen Sie an, Sie besuchen eine Fortbildungsveranstaltung. Stellen Sie sich eine Situation vor, in der der Seminarleiter einen Teilnehmer sucht, der vor den anderen Menschen etwas Ungewöhnliches vorführen soll, das Sie überhaupt nicht mögen: z.b. auf den Tisch steigen und dann so laut wie möglich die Namen aller Hauptstädte schreien, die Sie kennen; oder: aufstehen, sich in die Mitte stellen und nach einer vorgegebenen Musik einen Bauchtanz darbieten; oder: sich auf den Boden legen, mit Armen und Beinen strampeln und so schreien wie ein Baby. Wichtig ist, daß sie eine Aktion wählen, die Ihnen ziemlich exotisch vorkommt und die Sie normalerweise unter keinen Umständen ausführen würden.

Gehen Sie weiter davon aus, daß der Seminarleiter ein bestimmtes Ritual wählt, um denjenigen ausfindig zu machen, der sich vor den anderen darstellen soll: Jeder Seminarteilnehmer erhält einen verschlossenen Umschlag. In einem der Umschläge soll sich ein Zettel mit der Aufschrift „Sie sind dran!" befinden.

Wenn Sie eine entsprechende Vorstellung von der fiktiven Situation haben, mit der Sie jetzt arbeiten wollen, machen Sie es sich bequem; nehmen Sie auf einem Stuhl Platz oder legen Sie sich hin, schließen Sie Ihre Augen. Versuchen Sie, sich zu entspannen. Atmen Sie einige Male kräftig ein und aus.

Machen Sie sich nun ein Bild von der fiktiven Situation; richten Sie es so ein, daß Sie alles so sehen können, wie Sie es sähen, wenn Sie jetzt dabei wären. Um eine möglichst gute Vorstellung zu erhalten, beantworten Sie sich im Geiste die folgenden Fragen, die Ihnen Ihr Partner stellen kann:

* Was genau sehen Sie? Wer ist dabei? Wo sind Sie?
* Sehen Sie einen Film, nur ein Bild oder mehrere Bilder?
* Hat das Bild / der Film einen Rahmen?
* Ist der Eindruck hell oder dunkel, scharf oder unscharf?
* Und hören sie etwas in der Situation, die Sie so sehen?
* Was genau hören Sie? Stimmen? Klänge? Geräusche?
* Aus welcher Richtung kommen die akustischen Informationen?
* Sind sie dauernd da? Oder ist es auch manchmal ganz still?
* Verstehen Sie gut, was Sie hören?
* Und während Sie dies alles sehen und hören, werden Sie sich auch in einer ganz bestimmten Weise fühlen? Wie genau?
* Wo im Körper ist dieses Gefühl?
* Ist es immer da? Oder wandert es?
* Ist das Gefühl intensiv?
* Welche Qualität hat das Gefühl?

Wenn Sie durch die Beantwortung dieser Fragen ziemlich guten Kontakt zu der Situation bekommen haben, achten Sie jetzt darauf, was Sie in der Situation denken. Welche Gedanken gehen Ihnen durch den Kopf? Schreiben Sie sie unbedingt auf, bevor Sie weiterlesen.

Um die fiktive Situation aus der Übung 11 genauer zu analysieren, greifen wir auf unsere Überlegungen zurück, wonach in der psycho-physischen Wirklichkeit Gedanken, körperliche Abläufe und Gefühle nicht voneinander zu trennen sind und demzufolge stets gleichzeitig auftreten und sich wechselseitig bedingen.

Das äußere Ereignis (A), in unserem Falle die Ankündigung des Seminarleiters, ein Teilnehmer solle anschließend etwas Ungewöhnliches vorführen, löst bei den Anwesenden zugleich eine Kette von Gedanken (B = rationale Reaktion), körperlichen Wahrnehmungen (C = physiologische Reaktion) und Gefühlen (D = emotionale Reaktion) aus, die als Summe schließlich die für das entsprechende Individuum typischen, nach außen sichtbaren Handlungskonsequenzen (E) repräsentieren, die sich sowohl in verbaler als auch in nicht-verbaler Weise artikulieren können (s. Abb. 6).

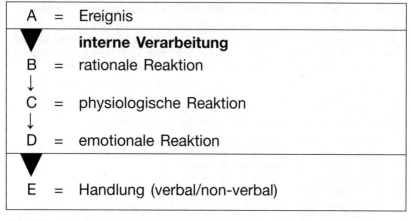

Abb. 6: Der Prozeß der internen Verarbeitung

Wahrscheinlich wird es auch Ihnen ähnlich ergehen wie den meisten Menschen, die man in eine Situation bringt, wie sie in Übung 11 beispielhaft vorgestellt wird: Ihre Aufmerksamkeit wird im ganzen nachlassen, Sie werden sich weniger auf den tatsächlichen Ablauf der Veranstaltung konzentrieren, in der Sie sich befinden, und Ihre Gedanken werden im Anschluß an die Ausführungen des Seminarleiters etwa wie folgt zu kreisen beginnen:

○ Hoffentlich bin ich nicht derjenige/diejenige, der/die gleich einen Bauchtanz vorführen soll!

o Wenn ich das „Glück" habe dranzukommen, werde ich mich bestimmt total blamieren!
o Ich kann aber nicht bauchtanzen!
o Was sollen denn die Leute von mir denken, wenn ich mich hier auf den Tisch stelle und so 'rumschreie?
o Die anderen werden bestimmt laut loslachen, wenn die mich hier sehen!
o Meine Güte, das ist vielleicht eine blöde Aufgabe! Wer soll das denn können?

Man kann bei der Durchsicht der oben formulierten Gedanken leicht erkennen, in welchem Maße diese bereits über die Situation hinausgreifen und Sie dadurch wiederum in einen Zustand versetzen, als ob bereits alles zu Ihren Ungunsten entschieden sei. D.h., Ihre Gedanken suggerieren Ihnen die vermeintliche Tatsache, tatsächlich schon derjenige zu sein, der im Anschluß an die Ankündigung des Seminarleiters eine ungewöhnliche Leistung erbringen soll. Dies wiederum geschieht, obgleich in Wahrheit angesichts der Gesamtzahl der Mitglieder der Seminargruppe bis zu diesem Zeitpunkt keineswegs ausgemacht ist, wer schließlich der Betroffene sein wird. Und es geschieht auch, obwohl es sich für Sie viel eher, da realistischer, anbieten würde, von der Annahme auszugehen, selbst nicht als Akteur auftreten zu müssen (vgl. a. zum Folgenden Kliebisch 1994a).

Aus der Sicht der rational-emotiven Therapie handelt es sich bei jenen Gedanken, die die jeweilige Situation transzendieren, um irrationale Ideen insofern, als sie Annahmen über die Wirklichkeit unterstellen, die durch die Realität schon im Ansatz nicht eingeholt werden können (s.a. Lotz/Diekstra 1991, 28 ff.; Knaus 1983, 31 ff.). So gehen Sie bei den oben formulierten Gedanken etwa von der Annahme aus, daß Sie von jedermann geliebt und geachtet werden müssen und daß es eine Katastrophe wäre, wenn dies nicht zuträfe („Hoffentlich..."; „Das wird peinlich..."; „Was die anderen denken..."; „Ich will mich nicht lächerlich machen."). Nun ist es aber weder ein angemessener Anspruch an das Leben und an die anderen Menschen, von jedermann geachtet werden zu wollen, noch kommt es einer Katastrophe gleich, wenn Sie einmal in eine für Sie peinliche Situation geraten.
Interessant ist freilich festzustellen, daß diese Irrationalismen sich gleichsam im Bewußtsein des Menschen breitmachen, in dem sie sein Gefühlsleben, sein körperliches Befinden und schließlich sein Handeln in nicht unwesentlicher Form beeinflussen; denn „es sind irrationale Anschauungen und irrationale Lebensphilosophien, die unangemessene emotionale Gefühlszustände und Verhaltensweisen hervorrufen" (Schwartz 1981, 52; s.a. ders. 1987). In unserem

Fall führen die irrationalen Annahmen zu einem Gefühl des Unbehagens und der Unsicherheit und womöglich dazu, daß Sie schließlich unfähig werden, die von Ihnen erwartete Leistung vor einer Gruppe ihnen unbekannter Personen auch tatsächlich zu erbringen (s.a. Abb. 7).

A = Ereignis	Ankündigung des Seminarleiters
▼ **interne Verarbeitung**	
B = rationale ↓ Reaktion	„Das wird peinlich!" „Ich kann das nicht!"
C = physiologische ↓ Reaktion	Blutdrucksteigerung, Erhöhung der Pulsfrequenz
D = emotionale Reaktion	Unbehagen, Unsicherheit
▼ E = verbale/non-verbale Handlung	Sprachlosigkeit

Abb. 7: Interne Verarbeitung der Seminarsituation

Übung 12

Testen Sie einmal, welche der folgenden irrationalen Ideen Sie bei sich bereits festgestellt haben:
* Die Welt ist ungerecht zu mir. Warum passiert mir wieder einmal dieses Unglück?
* Ich habe wieder völlig versagt. Ich bin wirklich zu nichts zu gebrauchen.
* Mein Interesse besteht darin, von möglichst allen Menschen gemocht zu werden. Wenn dies nicht geschieht, ist das eine echte Katastrophe für mich.

Übung 13

Überlegen Sie, welche emotionalen und körperlichen Reaktionen bei Ihnen im Zusammenhang mit Situationen aufgetreten sind, in denen Sie von der einen oder anderen der irrationalen Ideen aus Übung 12 beherrscht waren.

Übung 14

Versuchen Sie sich daran zu erinnern, wie Sie die Situationen, in denen irrationale Gedanken die Oberhand bekamen, insgesamt erlebt haben. Beurteilen Sie den Eindruck auf einer Skala von –5 (= sehr unangenehm) bis +5 (= sehr angenehm).

Übung 15

Stellen Sie Überlegungen dazu an, wie Sie in Zukunft mit ähnlichen Situationen umgehen wollen. Welche Schwierigkeiten könnten bei der von Ihnen vorgesehenen Strategie auftreten?

Vor dem Hintergrund des bisher Bedachten treten demnach Gedanken, Gefühle und physiologische Prozesse stets als Folge von äußeren Ereignissen auf. Dabei ist zusätzlich zu bedenken, daß die jeweiligen individuellen Reaktionen in einem der drei Bereiche ihrerseits nicht als isolierte Größen verstanden werden dürfen, sondern als Faktoren in einem Netz von Wechselwirkungen begriffen werden müssen (vgl. Abb. 8).

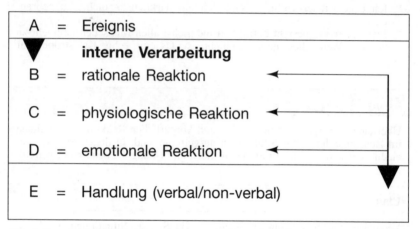

Abb. 8: Vernetzte interne Verarbeitung

Negativ besetzte Gedanken („Das schaff' ich nicht!"; „Das ist eine Katastrophe für mich!") beispielsweise führen unzweifelhaft zu entsprechenden körperlichen Streßsymptomen wie etwa die Abnahme des Hautwiderstands, die Erhöhung der Pulsfrequenz und des Blutdrucks und zu typischen Veränderungen im EEG. Die damit skizzierten physiologischen Abläufe ihrerseits nehmen wiederum Einfluß auf die emotionale Befindlichkeit des Betroffenen, die sich im angenommenen Fall aller Wahrscheinlichkeit nach in Richtung Angst, Unruhe und Anspannung artikulieren dürfte. Die Wahrnehmungen auf der Gefühlsebene werden nun aufgrund der angesprochenen Interdependenzen zwischen Rationalität, Emotionalität und Physiologie für eine Intensivierung der weitgehend irrationalen Gedanken sorgen, was die bestehenden körperlichen Abläufe weiter unterhält, wodurch das damit verbundene unangenehme Gefühlserlebnis verstärkt wird usw.

Die so angedeutete Struktur wechselseitiger Abhängigkeiten, die sich grundsätzlich aufbaut, sobald auf jemanden ein äußeres Ereignis einwirkt, ist dafür verantwortlich, wie ein Mensch schließlich am Ende des internen Verarbeitungsprozesses tatsächlich handelt. Die Belastung durch die gegebenen Umstände kann dabei durchaus im Einzelfall ein Ausmaß annehmen, das dazu führt, daß für den Betreffenden überhaupt kein Handeln mehr möglich ist (Blackout!).

Jeder Berater und jeder Ratsuchende – wie jeder andere Mensch – sind mit dem beschriebenen Mechanismus konfrontiert, wann immer sie aufeinandertreffen. Sie werden sich wechselseitig als „äußeres Ereignis" interpretieren und darauf entsprechend reagieren, indem sie sich Gedanken machen, körperliche Reaktionen zeigen und ein ganz bestimmtes Gefühl entwickeln. Es dürfte klar sein, daß das Gelingen von Beratungsgesprächen aus dieser Sicht in entscheidendem Maße davon abhängig ist, in welchem Umfang es den Beteiligten gelingt, die jeweiligen Reaktionen so zu gestalten, daß es möglich wird, miteinander vergleichsweise problemlos zu interagieren.

Um dieses Ziel zu erreichen, ist der Berater als der strukturierende und in diesem Sinne auch dominante Partner in besonderer Weise gefordert. Er muß anstreben, daß durch sein Verhalten dem Ratsuchenden Offenheit und Vertrauen vermittelt werden, so daß ein ernsthaftes Gespräch überhaupt erst möglich wird. Dem Berater steht zu diesem Zwecke eine Reihe von Techniken zur Verfügung, die im weiteren Verlauf unserer Darstellung im einzelnen näher erläutert werden sollen (s. Kap. 5).

Bevor wir jedoch darauf eingehen, möchten wir einige andere Aspekte thematisieren, die im Kontext von Beratung Bedeutung haben. In diesem Zusammenhang soll zunächst betont werden, wie außerordentlich wesentlich es für die Effektivität von Beratungsgesprächen ist, daß der Berater diese in angemessener Weise vorbereitet. Zu einer solchen Vorbereitung zählen aus unserer Sicht nicht allein inhaltliche Vorüberlegungen, sondern nicht zuletzt das Bemühen, das Beratungsgespräch in möglichst entspanntem Zustand zu führen. Jede Verspannung oder Verkrampfung im körperlichen Bereich hat – wie gesehen – unweigerlich ungünstige Konsequenzen für die emotionale und rationale Dimension und wird von daher die Beratungskompetenz beeinflussen; daher heißt es zu Beginn von Beratungsprozessen:

Erst entspannen, dann beraten!

2. VORAUSSETZUNGEN

„Es scheint die Behauptung gerechtfertigt, daß der Glaube oder das Vertrauen in die Fähigkeit des Individuums mit seiner psychischen Situation und mit sich selbst fertig zu werden, den gleichen Wert hat wie jede wissenschaftliche Hypothese. Er ist eine positive Ausgangsbasis, aber weder bewiesen noch widerlegt."

(Rogers 1987a, 37)

In diesem Kapitel

- lernen Sie eine Reihe von Entspannungsübungen kennen, die Sie auch unmittelbar vor Beratungsgesprächen erfolgreich anwenden können;

- erläutern wir, welche Verhaltenseigenschaften Berater besitzen sollten, um bei den Klienten das erforderliche Vertrauen und die nötige Offenheit zu erzielen;

- zeigen wir auf, wie wichtig es ist, daß der beratende Lehrer im Rahmen von Beratungsprozessen besonders auf die Wirkung seiner sprachlichen Äußerungen achtet und dabei alles vermeidet, was gesprächsblockierend wirken könnte.

2.1 Entspannung

Beratungslehrer bzw. beratende Lehrer stehen oftmals unter beachtlichem psychischen Druck, insofern sie ihre Tätigkeit nicht selten in Freistunden oder zwischen anderen beruflichen Aktivitäten bewältigen müssen. Der bürokratische Aufwand, wie er sich im schulischen Alltag anhäuft, gehört hierher ebenso wie die Tatsache, daß Beratungslehrer ihre Aufgabe grundsätzlich neben ihren üblichen Unterrichtsverpflichtungen zu erledigen haben und dafür – wenn überhaupt – in der Regel nur gering entlastet werden.

Der Umstand, daß sich Berater im Rahmen ihres jeweiligen Aufgabenfeldes niemals allein auf die Beratung konzentrieren können, sondern mehr oder weniger gleichzeitig auch mit weiteren, zum Teil drängenden Verpflichtungen zu rechnen haben, trägt in nicht unwesentlichem Maße dazu bei, daß Beratungsgespräche oftmals nicht frei sind von Belastungen, die zweifellos nicht durch die kommunikative Interaktion zwischen Berater und Ratsuchendem selbst hervorgerufen werden (s. Abb. 9).

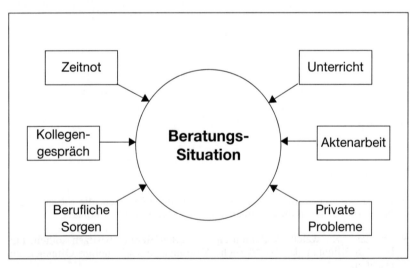

Abb. 9: Störungen der Beratung

An dieser Stelle lohnt es, Abhilfe zu schaffen. Denn kann man sich als Berater auch nur begrenzt vor psychischem Streß schützen, der durch die Beratungssituation, insbesondere durch den Klienten evoziert wird, so ist es doch vergleichsweise problemlos möglich, sich weitgehend von den störenden Momenten zu befreien, die im Vorfeld einer Beratung auftreten können und dann im eigentlichen Beratungsgespräch unterschwellig weiterwirken. Um dieses Ziel zu erreichen, sollten Sie in zwei Schritten vorgehen:

1. Stellen Sie fest, ob und in welchem Maße Sie vor einem angesetzten Beratungstermin unter Streß stehen.
2. Wenn Sie erkennen, daß Ihre Belastung größer ist, als Sie es selbst wünschen und es für das anstehende Beratungsgespräch noch vertretbar erscheint, entspannen Sie sich aktiv, bevor Sie mit der Beratung beginnen.

Wir werden Ihnen auf den folgenden Seiten zu beiden der oben genannten Punkte Übungen vorstellen, die Ihnen dabei helfen sollen, ausgeglichener in den jeweiligen Beratungsprozeß einzusteigen und ihn damit auch effektiver zu gestalten. Möglicherweise haben Sie aber bereits für sich selbst ein wirkungsvolles Entspannungsprogramm entwickelt; wenn dies so ist, bleiben Sie dabei. Andernfalls versuchen Sie in der nächsten Zeit, den einen oder anderen Vorschlag in Ihre Praxis zu integrieren.

Gehen Sie so vor, daß Sie zunächst lernen, sich selbst im Hinblick auf Ihre Verspanntheit besser wahrzunehmen, bevor Sie überhaupt mit einem Entspannungstraining beginnen. Bedenken Sie in diesem Zusammenhang jedoch von Anfang an, daß ein Entspannungstraining nicht von heute auf morgen den gewünschten Erfolg zeigen wird. Hierzu bedarf es – wie in vielen anderen Bereichen – eines intensiven und kontinuierlichen Übens. Lassen Sie sich aus diesem Grunde nicht zu schnell entmutigen, wenn Sie beobachten, daß Ihr Bemühen nicht sogleich Wirkung zeigt. Insbesondere sollten Sie davon ausgehen, daß nicht jede Übung bei jedem Menschen gleich gute Ergebnisse zu Tage bringt. Also:

1. Achten Sie genauer auf die Signale Ihres Körpers, und testen Sie den Grad Ihrer Belastung und Verspanntheit.
2. Effektive Entspannung setzt kontinuierliches und intensives Üben voraus.
3. Wechseln Sie die Übung, wenn über längere Zeit kein Erfolg eintritt.

Übung 1

Testen Sie mit Hilfe der folgenden Fragen Ihre aktuelle Spannung unmittelbar vor einem anstehenden Beratungsgespräch (in Anlehnung an Brenner 1982, 35 f./40).

	stimmt		
	genau	zum Teil	gar nicht
1. Ich bin innerlich unruhig.			
2. Ich bin derzeit unkonzentriert.			
3. Ich habe im Augenblick kalte und feuchte Hände.			
4. Ich schwitze ziemlich stark.			
5. Ich spüre mein Herz sehr schnell schlagen.			
6. Ich merke, wie sich meine Nackenmuskulatur verspannt.			
7. Ich habe Kopfschmerzen.			
8. Ich merke, daß ich nicht entspannt atme.			
9. Mir ist schwindlig.			
10. Ich fühle mich im Augenblick müde und abgespannt.			
11. Ich habe Angst vor dem bevorstehenden Gespräch.			

Übung 2

Wenn Sie unter Nutzung des Fragebogens aus der Übung 1 mehrfach hintereinander zu der Einschätzung kommen, daß Sie sich unter ziemlichem Streß befinden, testen Sie mit Hilfe der folgenden Fragen Ihre Grundspannung (in Anlehnung an Brenner 1982, 35 f./40).

	stimmt		
	genau	zum Teil	gar nicht
1. Ich arbeite derzeit in der Regel mehr als acht Stunden täglich.			
2. Ich bin seit einiger Zeit ungeduldiger als früher.			
3. Ich nehme die Probleme aus der Beratung oft mit in mein Privatleben.			
4. Ich habe im Augenblick größere private Probleme.			
5. Ich fühle mich wie ausgebrannt.			
6. Ich habe das Gefühl, meinen Kollegen meine Leistung beweisen zu müssen.			
7. Ich leide unter einer Krankheit, die mich stark belastet.			
8. Ich rauche bzw. trinke.			

Übung 3

Wenn Sie nach der Bearbeitung der Übung 2 festgestellt haben, daß Ihre Grundbelastung vergleichsweise hoch ist, sollten Sie ggf. überlegen, ob es für Sie sinnvoll ist, einen Arzt oder Psychotherapeuten aufzusuchen, um professionelle Hilfe in Anspruch zu nehmen.

Sollte eine solche Maßnahme aus Ihrer Sicht nicht erforderlich sein, wenden Sie sich im Sinne einer Selbst-Hilfe den folgenden Entspannungsübungen zu (vgl. dazu u.a. Thomas 1970; Schultz 1972; Ott 1981, 46 ff.; Brenner 1982; Müller 1984 u. 1988; Eberlein 1985; Kliebisch 1991a, 24 f.; ders. 1995; Kliebisch/Eichmann/Basten 1991, 50 ff.; Benson 1993).

Übung 4

Nehmen Sie die Grundhaltung „Sitzen" oder „Liegen" ein.

a) Sitzen
   Benutzen Sie einen Stuhl oder einen Sessel mit relativ hoher Rückenlehne; das Polstermaterial sollte nicht zu weich und auch nicht zu hart, Armlehnen sollten vorhanden sein.
   Beim Hinsetzen bringen Sie Ihr Gesäß bis an die Rückenlehne, mit der Ihr Rücken vollständigen Kontakt haben sollte; die Beine befinden sich in geringem Abstand nebeneinander; die Arme liegen auf den Lehnen. Sollte Ihre Sitzgelegenheit nicht über Armlehnen verfügen, können Sie Ihre Arme auch locker auf Ihren Oberschenkeln ruhen lassen. Ihr Kopf sollte leicht nach vorne sinken, wobei das Kinn in Richtung Brustbein weist.

b) Liegen
   Im Liegen – der vorteilhafteren Haltung – sind Entspannungsübungen erfahrungsgemäß am angenehmsten und in der Regel gerade für Anfänger auch am leichtesten und effektivsten durchzuführen. Als Unterlage können Sie grundsätzlich sowohl einen mit Teppich versehenen Fußboden als auch eine Liege, eine Couch oder ein Bett verwenden; in jedem Fall gilt auch hier: Die Liegefläche sollte zwar relativ hart sein, aber dennoch etwas nachgeben.
   Legen Sie sich auf den Rücken; die Beine – leicht gegrätscht – locker nebeneinander; die Arme befinden sich etwas angewinkelt neben dem Körper, wobei die Handinnenflächen zum Boden weisen. Wenn Sie mögen, können Sie den Kopf zusätzlich durch ein kleines Kissen unterstützen.

Übung 5

Am Ende jeder Entspannungsübung steht das Zurücknehmen. Beugen und strecken Sie dazu Ihre Arme kräftig zwei-, dreimal hintereinander, atmen Sie dann tief ein und aus, und öffnen Sie danach Ihre Augen.

Übung 6

Nehmen Sie die Grundhaltung Sitzen oder Liegen ein (s. Übung 4) und schließen Sie Ihre Augen.

Sagen Sie sich anschließend im Geiste etwa fünf Minuten lang immer wieder und möglichst gleichmäßig folgenden Text vor:

„Ich bin vollkommen ruhig,
ruhig, gelöst, entspannt.
Ich bin vollkommen ruhig,
ruhig, gelöst, entspannt."

„Ich bin vollkommen ruhig..."

Am Ende der Übung das Zurücknehmen nicht vergessen (s. Übung 5).

Übung 7

Nehmen Sie die Grundhaltung „Sitzen" oder „Liegen" ein (s. Übung 4); schließen Sie Ihre Augen.

Konzentrieren Sie sich danach auf Ihre Atmung. Atmen Sie bewußt eine Weile gleichmäßig ein und aus. Achten Sie darauf, daß sich beim Einatmen nicht nur Ihr Brustkorb, sondern (vor allem) Ihr Zwerchfell hebt.

Anschließend versuchen Sie, den Atemvorgang bewußt zu verlängern: Hierzu zählen Sie beim Einatmen langsam etwa im Sekundentakt bis sieben, halten dann die Luft für ungefähr zwei bis drei Sekunden an, um schließlich ruhig auszuatmen, wobei Sie bis zehn zählen. Wiederholen Sie den Vorgang zwei bis höchstens drei Minuten lang.

Entspannen Sie sich auf diese Weise täglich zwei- bis dreimal.

Übung 8

Nehmen Sie die Grundhaltung „Liegen" ein, und schließen Sie Ihre Augen.

Spannen Sie nun in der unten genannten Reihenfolge bestimmte Muskelgruppen für jeweils ungefähr fünf Sekunden an, halten Sie die Spannung danach für weitere fünf Sekunden, um die entsprechenden Muskeln anschließend nacheinander wieder schlagartig zu entspannen.

– rechtes Bein
– linkes Bein
– rechtes und linkes Bein
– Gesäß
– rechtes Bein, linkes Bein und Gesäß
– Bauch
– rechtes, linkes Bein, Gesäß, Bauch
– rechter Arm
– rechtes, linkes Bein, Gesäß, Bauch, rechter Arm
– linker Arm
– rechtes, linkes Bein, Gesäß, Bauch, rechter, linker Arm
– Gesicht
– alle Muskeln gleichzeitig

Vergessen Sie auch am Ende dieser Übung nicht das Zurücknehmen (s. Übung 5).

Übung 9

Zur besonders schnellen Entspannung dienen die beiden folgenden Übungen:

a) Wählen Sie eine beliebige Position. Atmen Sie tief ein, halten Sie dann die Luft für ungefähr zwei bis fünf Sekunden an, und atmen Sie anschließend langsam (Lippenbremse!) aus. Wiederholen Sie den Vorgang drei- bis fünfmal.

b) Legen Sie sich hin und spannen Sie gleichzeitig (!) soviele Muskeln an wie möglich; halten Sie die Spannung für etwa sieben bis zehn Sekunden und entspannen Sie danach schlagartig. Wiederholen Sie die Übung drei- bis fünfmal.

Vergessen Sie auch hier nicht am Ende der Übungen das Zurücknehmen (s. Übung 5).

Übung 10

Suchen Sie sich ein zweisilbiges Wort, das Sie besonders mögen.

Nehmen Sie dann eine bequeme Haltung ein und schließen Sie die Augen. Entspannen Sie sich anschließend mit Hilfe der Übungen 9a oder b. Konzentrieren Sie sich danach ganz auf Ihre Atmung: Beim Einatmen sprechen Sie sich im Geiste die erste Silbe Ihres Lieblingswortes vor, beim langsamen Ausatmen (Lippenbremse!) die zweite; verfahren Sie so für ungefähr zehn bis fünfzehn Minuten, und nehmen Sie die Übung am Ende wie üblich zurück.

Entspannen Sie sich auf diese Weise möglichst mehrfach am Tage.

Übung 11

Setzen Sie sich auf einen Stuhl, lehnen Sie sich an; Ihre Beine sollten nebeneinander auf dem Boden stehen, Ihre Unterarme liegen locker auf den Oberschenkeln; schließen Sie Ihre Augen, und lassen Sie Ihr Kinn leicht gegen Ihr Brustbein sinken.

Wenn Sie diese Grundhaltung eingenommen haben, stellen Sie sich bitte vor, Sie befinden sich in einem großen Park mit riesigen, alten Bäumen, und Sie schreiten langsam auf einer grünen Wiese unter den Bäumen entlang. In der Ferne sehen Sie eine Treppe, die in die Tiefe führt. Wenn Sie herankommen, entdecken Sie, daß die Treppe genau zehn Stufen hat. Sie beginnen dann in Ihrer Vorstellung damit, ruhig diese Treppe hinunterzuschreiten. Bei jeder Treppenstufe, die Sie hinabgehen, zählen Sie weiter im Geiste rückwärts. Zehn... neun... und mit jedem Schritt werden Sie ruhiger und entspannter... acht... sieben... und Sie sind ganz ruhig und gelöst... sechs... fünf... und Sie erleben eine intensive Ruhe, sind völlig entspannt und gelöst... vier... drei... und Sie werden immer ruhiger und entspannter... zwei... eins... und Sie erleben eine tiefe innere Ruhe, Sie sind jetzt ganz ruhig und entspannt und vollkommen konzentriert.....

Bleiben Sie dann noch eine Weile bei dieser Vorstellung und genießen Sie sie; wenn Sie die Übung beenden wollen, beugen und strecken Sie Ihre Arme einige Male hintereinander, atmen Sie anschließend ein-, zweimal tief ein und aus, und öffnen Sie schließlich Ihre Augen (aus: Kliebisch 1991a, 24 f.).

2.2 Beratervariablen und ihre Wirkung

Der amerikanische Psychologe Carl R. Rogers gilt allgemein als Begründer der humanistischen Psychologie. Für Rogers ist im Laufe seines Lebens insbesondere wichtig geworden, die Qualität der Beziehung zwischen Ratgeber und Ratsuchendem näher zu bestimmen. Wie genau also soll sich der Therapeut dem Klienten gegenüber verhalten, wenn Veränderungen in den Einstellungen und den Verhaltensweisen des Ratsuchenden möglich werden sollen?

Für Rogers sind hier vor allem drei Fähigkeiten des Beraters von ausschlaggebender Bedeutung:

○ Emotionale Wärme,
  also „warmes Akzeptieren und Schätzen des anderen als eigenständiges Individuum",

○ Empathie,
  d.h. „Einfühlung, die Fähigkeit, den anderen und seine Welt mit seinen Augen zu sehen", und

○ Kongruenz,
  d.h. „Authentizität und Transparenz, ich zeige mich in meinen wirklichen Gefühlen" (Rogers 1979a, 51).

Die positiven Effekte, die emotionale Wärme, Empathie und Kongruenz im Verhalten des Beraters für den Beratungsprozeß haben, ist in der Literatur, die sich auf Rogers beruft, immer wieder herausgestellt worden (z.B. Tausch/Tausch 1979; Gordon 1981; Minsel 1974; Mucchielli 1972). Es dürfte klar sein, daß die durch diese Eigenschaften angebotene persönliche Nähe ein Vertrauensverhältnis zu begründen in der Lage ist, welches den Hilfesuchenden instand setzt, sich zu öffnen und seine Schwierigkeiten möglichst präzise zu beschreiben.

Dies wiederum ist für den Berater eine wesentliche Voraussetzung dafür, um die von ihm erwartete Leistung zu erbringen, nämlich adäquat auf die Problemsituation seines Klienten zu reagieren und ihm damit in möglichst effektiver Weise Unterstützung zukommen zu lassen (s. Abb. 10).

Diesen Vorstellungen über die notwendigen Eigenschaften des Beraters liegen bestimmte anthropologische Annahmen zugrunde, die besagen, „daß Menschen, denen (wie beispielsweise im sicheren therapeutischen Klima) die Möglichkeit

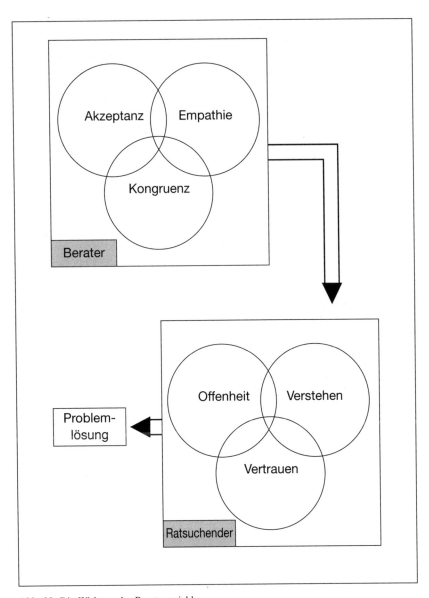

Abb. 10: Die Wirkung der Beratervariablen

gegeben wird, wahrhaft zu werden, was sie zutiefst sind, wenn sie die Freiheit haben, ihre eigentliche Natur zu entfalten, immer eine deutliche Entwicklung auf Ganzheit und Integration hin durchmachen" (Rogers 1987b, 136).
Jeder Mensch hat, wie Rogers meint, ein ihm eigenes, angeborenes Bestreben, zu sich selbst, zu seiner Person als Ganzes zu kommen, sich selbst zu verwirklichen. Die damit angesprochene Fähigkeit zur Selbstverwirklichung, die Rogers „Aktualisierungstendenz" nennt (Rogers 1984, 41ff.), impliziert das Wissen der Person um sich selbst, schließt eine Vorstellung des Menschen über sich selbst ein. Die Selbst-Vorstellung, von Rogers als „Selbst" oder „Selbstkonzept" bezeichnet, setzt sich zusammen aus den Selbst-Wahrnehmungen des Subjekts einerseits und den Wahrnehmungen, die das Selbst von sich macht dadurch, daß es sich im Spiegel der anderen Individuen und der Beziehungen zu ihnen erlebt (vgl. Rogers 1984, 41 ff.; Bastine 1981, 583 ff.).
In gewisser Analogie zu Piagets Gleichgewichtsmodell (s. Piaget 1974, 229 ff.; Müller 1975, 88 f.) entwickelt Rogers den Gedanken, daß die seelische Gesundheit eines Menschen um so größer ist, je kongruenter sich für ihn die Informationen der Außenwelt und sein Selbstkonzept verhalten. Alle objektiv auf das Individuum einströmenden Reize durchlaufen einen inneren Bewertungsprozeß, der darin besteht, zu überprüfen, in welchem Maße die Außeninformation mit dem Bild, das das Individuum von sich selbst hat, in Übereinstimmung steht. Dabei werden solche Informationen, die ohne weiteres mit dem Selbst zur Deckung zu bringen sind, unverfälscht und unverzerrt aufgenommen, wohingegen diejenigen Reize, die in einigem Widerspruch zum Selbstkonzept des Individuums stehen, in der Regel gewissen Veränderungen unterliegen, bevor sie in das Selbst integriert werden (können).

Nimmt man es genau, so verfälscht der Mensch die objektive Wirklichkeit, um mit seiner Interpretation der Welt besser leben zu können. Diese Interpretationen sind es schließlich, die das eigentliche Handeln des Betroffenen bestimmen, nicht aber die ursprünglichen Wahrnehmungen, die der Einzelne in bezug auf seine Umwelt gemacht hat.

Die angesprochenen Verfälschungen gehen auf verschiedene Weise vor sich. Ein sehr geeignetes sprachliches Mittel, um Informationen zu verändern, besteht beispielsweise darin, mit Tilgungen zu arbeiten (vgl. Bandler/Grinder 1981a u. b; 1982). Machen wir den Vorgang an einigen Beispielen klar:

1. Beispiel: „Das nervt mich wirklich!"

Diese Äußerung eines Ratsuchenden läßt offen, wer oder was genau der Auslöser ist, der hier nervt. Als Berater kann man die Tilgung erfragen:

„Wer oder was genau nervt Sie?"
Der Satz „Das nervt mich wirklich!" beinhaltet aber auch keine Klärung
darüber, wie es genau ist, wie es genau vor sich geht, wenn „das" den
Ratsuchenden „wirklich nervt". Also:
„Wie nehmen Sie das genau wahr, wenn X Sie wirklich nervt?"

2. Beispiel: „Er hat versprochen, sich nicht so zu verhalten."

Auch diese Aussage eines Ratsuchenden ist nicht vollständig. Mögliche
Fragen, die verborgene Informationen aufschließen, könnten z.b. lau-
ten:
„Wer genau hat dies versprochen?"
„Wie genau wollte sich diese Person verhalten?"
„Wem gegenüber hat die Person versprochen, sich so zu verhalten?"

3. Beispiel: „So darf man sich doch nun wirklich nicht verhalten!"

Diese Äußerung eines ratsuchenden Schülers ist im Blick auf die ver-
wendeten Tilgungen besonders interessant: Eine Präzisierung der
Handlung und deren Subjekt kann durch folgende Fragen erreicht
werden:
„Wie genau darf man sich nicht verhalten?"
„Wer genau darf sich so nicht verhalten?"
Eine besondere Tilgung besteht im dritten Beispiel einer Klienten-
äußerung zusätzlich darin, daß der Satz auch die offensichtlich vom
Sprecher angenommenen Folgen des entsprechenden Handelns nicht
erwähnt: Diese kann man etwa über die folgende Rückfrage anspre-
chen:
„Was genau würde geschehen, wenn Y sich so verhält?"

Wenn sich ein Ratsuchender mit Strategien, wie sie Tilgungen darstellen, um-
gibt, so verändert er damit seine Sicht der Wirklichkeit in beachtlichem Ausmaß.
Je weniger bei diesem Vorgang ein Ergebnis entsteht, das mit der Wirklichkeit
kongruent ist, desto stärker wird der Hilfesuchende zu unangemessenem seelischen Erleben neigen und ein unpassendes Verhalten zeigen. Die Aufgabe des
Beraters besteht in diesem Zusammenhang zunächst darin, die vom Klienten
benutzten sprachlichen Muster zu erkennen und diese dann durch den Einsatz
noch im einzelnen zu besprechender Techniken, zu denen auch Fragen gehören
können, aufzulösen. Das geschieht mit dem Ziel, auf diesem Wege an die
verborgenen und für die Problemsituation eigentlich wichtigen Informationen zu
gelangen.

Übung 12

Erfragen Sie die Tilgungen in den folgenden Klientenäußerungen:

* *„Erstaunlicherweise hat X dann zugehört."*
* *„In dieser Klasse darfst du nicht auffallen."*
* *„Kollegen darf man wirklich nicht alles sagen, was man denkt."*
* *„Dieser Unterricht langweilt mich."*
* *„Es ist notwendig, daß man eine Klassenkonferenz einberuft."*
* *„Die Mädchen ärgern mich immer."*
* *„Ich kann mich in diesem Fall nicht zurückhalten."*

Geeignete Fragen für die Beispiele könnten etwa sein:

* *„Für wen war es erstaunlich, daß X dann zugehört hat?"*
* *„Was würde geschehen, wenn du auffallen würdest?"*
* *„Welchen Kollegen darf man nicht alles sagen, was man denkt?"* und:
  „Was würde geschehen, wenn man diesen Kollegen alles sagte, was man denkt?"
* *„Was genau langweilt dich an diesem Unterricht?"*
* *„Für wen ist es notwendig, eine Klassenkonferenz einzuberufen?"*
* *„Welche Mädchen ärgern dich?"*
* *„Was hindert dich daran, dich in diesem Falle zurückzuhalten?"*

Bei diesem Vorgehen sind die von Rogers erwähnten Beratereigenschaften – Kongruenz, Akzeptanz, Empathie – von nicht geringer Bedeutung. Daß damit ein sehr hoher Anspruch an die Sozialkompetenz des Beraters gestellt wird, ist unstrittig, aber durchaus berechtigt, weil sie für das Gelingen des Beratungsprozesses von entscheidender Relevanz ist. Gleichwohl muß man zugeben, daß ein Ratgeber nur nach eingehendem Training in der Lage sein wird, diesem Anspruch an sein Verhalten wirklich weitgehend zu entsprechen. Und selbst dann wird es immer wieder Probleme geben, wenn der Berater beispielsweise aufgrund eigener psycho-physischer Schwierigkeiten Mühe hat, sich dem Ratsuchenden in der Weise zuzuwenden, wie dies durch die Begriffe Akzeptanz, Empathie und Kongruenz umschrieben wird.

Will ein Berater dem angestrebten Ideal einer kongruenten Persönlichkeit langfristig immer näher kommen, so bedarf es auf seiner Seite zu allererst einer intensiven Selbstwahrnehmung. Darüber hinaus muß der Berater ebenso die Bereitschaft und Fähigkeit entwickeln, das Feedback des Ratsuchenden ernst zu nehmen, und er sollte sich möglichst dauernd der Supervision, also der Besprechung des eigenen Beraterverhaltens mit anderen kompetenten Beratern, unterziehen.

Wenn Sie als Einstieg in diesen Prozeß einmal Ihre Fähigkeit zur Selbstwahrnehmung überprüfen wollen, führen Sie bitte, bevor Sie weiterlesen, die folgenden beiden Übungen durch (entnommen aus: Kliebisch 1991a, 28 f.).

Übung 13

* Versuchen Sie, Ihre augenblickliche Gefühlslage mit einer Zahl zwischen 1 und 10 zu kennzeichnen. Die Ziffer 1 symbolisiert dabei eine besonders gute, die 10 eine sehr schlechte Stimmung.
* Bezeichnen Sie nun Ihre aktuelle Stimmung mit einem oder mit mehreren Adjektiven.
* Suchen Sie nach Ursachen für Ihre jetzige Befindlichkeit, und notieren Sie sie.
* Stellen Sie sich vor, Sie sollen in Ihrer augenblicklichen Verfassung als Berater tätig werden. Probieren Sie herauszufinden, welche Auswirkungen Ihre Stimmung auf Ihr Beraterverhalten haben könnte. Denken Sie dabei an Situationen, in denen Sie ähnlich gestimmt waren wie jetzt.
* Überlegen Sie nun, welche Konsequenzen Ihr unter d) ermitteltes Beraterverhalten konkret auf den Ratsuchenden haben könnte: Würde er sich emotional angenommen fühlen? Würde er den Eindruck haben, daß Sie sich kongruent verhalten? Würde er sich akzeptiert fühlen? usw.

Übung 14

Wenn Sie die Gedanken zu den Punkten der Übung 13 zu der Feststellung gebracht haben sollten, daß Ihre aktuelle Gefühlslage negative Wirkungen auf den Ratsuchenden ausüben würde, denken Sie bitte darüber nach, wie Sie sich selbst hier und jetzt verändern können, um die von Ihnen beobachteten ungünstigen Verhältnisse in bessere zu transformieren.

Stellen Sie sich dazu folgendes vor: Sie selbst befinden sich in einem Beratungsgespräch, aber nicht als Berater, sondern als Ratsuchender. Hierbei kann es sich durchaus um ein Gespräch handeln, daß Sie mit Ihrem(r) Partner(in), Ihrem(r) Freund(in) oder auch einem(r) Kollegen(in) geführt haben.

Beantworten Sie sich jetzt die Frage, was Sie in dieser Situation von Ihrem Gegenüber erwartet bzw. gerade nicht erwartet haben. Vergleichen Sie dann diese Erwartungen mit Ihren Möglichkeiten, sich jetzt emotional so zu verändern, daß Sie Ihren eigenen Erwartungen entsprechen. Wenn Sie dabei Chancen zur Veränderung bei sich entdecken, beginnen Sie gleich damit, sie zu realisieren.

2.3 Vermeidung von Gesprächsblockaden

Menschen erleben immer wieder Situationen, in denen sie sich wenig oder gar nichts zu sagen haben. Obgleich man sich sehr auf ein erstes Gespräch mit einem als interessant eingeschätzten Menschen gefreut hat, klappt es dann oft nicht so, wie man es sich gewünscht hat. Und auch der gute Freund kann mitunter zum Langweiler werden, und man ist überrascht, wie es dazu hat kommen können. Was ist eigentlich geschehen?

Auch die Einsicht, daß Menschen in den seltensten Fällen wirklich genau so reagieren, wie man glaubt, daß sie reagieren sollten, hilft hier kaum weiter, um die Irritationen zu beseitigen. Vielmehr spitzen sich Unklarheit und Sprachlosigkeit oft dahingehend zu, daß man den betreffenden Menschen, der einen derart „enttäuscht" hat, abschreibt, daß man sich nicht mehr mit ihm treffen, ihn nicht mehr sehen will, ihn einfach „abhakt".

Dieses Vorgehen entlastet ohne Zweifel. Wenn man sich eines Problems – und ein Gesprächspartner, der keiner ist oder sich nicht mehr als ein solcher erweist, stellt sicherlich ein Problem dar – dadurch entledigen kann, daß man es beiseite schiebt, und dies auch gelingt, wird einen das Problem nicht weiter stören. Daß eine solche „Strategie" des Wegschiebens in vielen Fällen, in denen man einen Menschen beispielsweise nur flüchtig kennt, sich auch als nützlich erweist, steht außer Frage. Doch wenn man auf diesem Wege den Kontakt zu guten Bekannten, ja zu Freunden oder sogar zum Ehepartner mehr und mehr verliert, dann sind die negativen Folgen des eigenen Abstandnehmens vom Problem zu gravierend, als daß man sie ohne weiteres hinnehmen sollte.

Gesprächsverlust stellt sich gewöhnlich nicht ein, ohne daß es dafür Gründe gibt. Diese Gründe sind in der Regel von den am Gespräch beteiligten Personen selbst geschaffen, selbst verschuldet, selbst verursacht. Das Gesprächsverhalten der Kommunikationspartner ist im allgemeinen nicht effektiv genug, wenn sich die erwähnte Sprachlosigkeit einstellt. Diese allgemeine Erklärung reicht zur Veränderung einer problematischen Gesprächssituation allerdings oftmals nicht aus; hierfür muß man schon genauer wissen, was am Verhalten des Gegenübers als störend empfunden wird. Zugleich muß man herausfinden, was vom eigenen Verhalten dazu beiträgt, den Kommunikationspartner in die Defensive zu manövrieren. Um eine Klärung dieser Frage zu erreichen, führen Sie die folgenden Übungen durch.

Übung 15

Stellen Sie sich einen Menschen vor, den Sie gut kennen und mit dem Sie sich im allgemeinen auch gut unterhalten können. Erinnern Sie eine Situation, in der Sie ein gutes Gespräch mit dieser Person hatten. Machen Sie sich ein Bild von der Situation damals: Was sehen Sie? Wo sind Sie? Erleben Sie noch einmal, was Sie damals hörten. Achten Sie auf die Stimmen, auf die Lautstärke. Und nehmen Sie jetzt noch einmal wahr, wie Sie sich damals gefühlt haben.

Fragen Sie sich nun:
* *Wie genau habe ich es damals angestellt, mich so zu fühlen, wie ich mich tatsächlich gefühlt habe?* und:
* *Was genau müßte ich können, damit ich so gut darin werde wie mein Gesprächspartner, andere Menschen in eine so angenehme Gesprächssituation zu bringen?*

Notieren Sie Ihre Antworten!

Übung 16

Erinnern Sie sich an eine Situation, in der Sie mit einem Schülerverhalten konfrontiert wurden, daß Ihnen nicht gefiel. Machen Sie sich – wie in Übung 15 – ein Bild von der Situation. Richten Sie es so ein, daß Sie alles in der Weise erleben, wie wenn Sie da wären. Was hören Sie? Wie fühlen Sie sich dabei?

Stellen Sie fest, wie Sie damals auf das Schülerverhalten sprachlich reagiert haben. Notieren Sie Ihre Äußerungen.

Wie fühlen Sie sich jetzt, wenn Sie diese Äußerungen erinnern?

Wie, glauben Sie, hat sich der Schüler gefühlt, als er Ihre Äußerungen hörte?

Spüren Sie, was damals geschehen ist?

Übung 17

Stellen Sie sich vor, Sie hören im Lehrerzimmer, wie Kollegen über Sie sprechen. Sie können allerdings nicht genau verstehen, worüber. Sie beschließen, die Kollegen darauf anzusprechen.

Versetzen Sie sich in diese Situation: Machen Sie sich einen Film von den Ereignissen. Was genau hören Sie? Welche Gefühle bekommen Sie dabei? Wie reagieren Sie? Was sagen Sie? Wem genau sagen Sie etwas? Wie sagen Sie das, was Sie sagen?

Notieren Sie, was genau Sie den betreffenden Kollegen sagen. Fühlen Sie sich wohl bei dem, was und wie Sie es sagen? Können Sie sich in die Lage der Kollegen versetzen, die Sie ansprechen? Wie werden die sich fühlen? Warum glauben Sie, daß sich die Kollegen so fühlen werden?

Übung 18

Versetzen Sie sich in folgende Situation: Ihre Schülerin Petra, 18 Jahre, ist mit der Note, die Sie ihr in der letzten Klassenarbeit im Fach Deutsch gegeben haben, überhaupt nicht einverstanden. Sie kommt daraufhin zu Ihnen und sagt: „Was Sie da machen, ist doch total ungerecht! Sie bewerten doch gar nicht den Inhalt meiner Arbeit; Ihnen paßt einfach mein Stil nicht! Das ist mir doch schon früher aufgefallen. Wenn man nicht so schreibt, wie Sie das wollen, dann kriegt man hier eben 'ne schlechte Note."
Machen Sie sich wiederum einen Film von dieser Situation. Schauen Sie genau hin, was Sie sehen, wo Sie sind, wie Petra aussieht usw. Und hören Sie, wie Petra zu Ihnen spricht; hören Sie dann Ihre eigene Stimme, die auf Petras Äußerungen reagiert. Was genau sagen Sie? Wie sagen Sie es? Notieren Sie Ihre Sätze!
Wie fühlen Sie sich, wenn Sie so sprechen? Was glauben Sie, wie sich Petra fühlt, wenn Sie Ihre Bemerkungen hört? Was läßt Sie vermuten, daß sich Petra so fühlt, wie Sie glauben?

Übung 19

Frau P. kommt zu Ihnen in die Sprechstunde und beklagt sich darüber, daß ihre Tochter Susanne von Ihnen eine so schlechte Note in Mathematik erhalten hat.
Gehen Sie in Ihrer Vorstellung in diese Situation hinein. Was sehen Sie? Wie sieht Frau P. aus? Wie spricht Sie? Was genau sagt Sie? Wie fühlen Sie sich, wenn Sie Frau P. zuhören? Wie reagieren Sie? Was genau sagen Sie? Wie fühlen Sie sich bei dem, was und wie Sie es sagen? Was, glauben Sie, empfindet Frau P., wenn sie Ihre Äußerungen hört? Haben Sie beabsichtigt, bei Frau P. diese Gefühle auszulösen?
Hätten Sie auch anders reagieren, reden können? Wie genau? Woher wissen Sie, daß Sie auch so hätten reagieren können? Welche Folgen hätte Ihrer Meinung nach diese andere Reaktionsweise für Frau P. gehabt?

Lesen Sie nach Möglichkeit erst dann weiter, wenn Sie die Übungen auch tatsächlich durchgeführt haben. Wenn es Ihnen im Einzelfall nicht gleich gelungen sein sollte, sich so in die angegebenen Situationen zu versetzen, daß Sie auf allen Sinneskanälen wahrnehmen konnten, wie sich die Situation darstellt und welche Folgen sie hat, probieren Sie es weiter. Hören Sie nicht auf, visualisierend in entsprechende Situationen, die für Sie mit gewissen Schwierigkeiten verbunden sind, hineinzugehen und sie von innen heraus zu erleben. Natürlich können Sie zu diesem Zweck auch Situationen nutzen, mit denen Sie vermutlich positive Gefühle verbinden.

In jedem Falle: Achten Sie in Ihrer Vorstellung besonders darauf, wie Sie sprechen und welche Satzstrukturen Sie dabei verwenden. Erleben Sie, welche Gefühle für Sie mit Ihrem eigenen Sprachverhalten verbunden sind.

Vielleicht ist Ihnen aufgefallen, daß Sie in schwierigen Situationen – möglicherweise aber auch sonst – immer wieder auf bestimmte sprachliche Muster zurückgreifen, die Sie als besonders wirkungsvoll empfinden, Ihnen dabei zu helfen, mit der Situation fertig zu werden. Vielfach sind solche Sprachmuster allerdings geeignet, den Gesprächsverlauf eher zu blockieren als ihn zu fördern. Thomas Gordon, Schüler von Carl Rogers, nennt insgesamt 12 Sprachstrukturen, die er als „Straßen-" oder „Kommunikationssperren" bezeichnet, weil sie den Gesprächsfluß nachhaltig behindern können (vgl. Gordon 1980, 48 ff.; 1981, 51 ff.; 1989, 72 ff.). Im folgenden wird eine Liste dieser kommunikationsblockierenden Strukturen abgedruckt; die sprachlichen Beispieläußerungen, die der Erläuterung dienen, stammen von Kliebisch (1991a, 32 ff.):

1. Befehlen, anordnen, auffordern
- Das darfst Du nicht!
- Laß das endlich sein!
- Ich erwarte, daß Du in Zukunft pünktlich bist!
- Halt endlich den Mund!
- Beteilige Dich mehr am Unterricht!

2. Warnen, mahnen, drohen
- Du wärest besser pünktlich zum Unterricht gekommen!
- Ich warne Euch, wenn Ihr so weiterredet!
- Wenn Du Dich intensiver am Unterricht beteiligen würdest, ...
- Ich warne Dich! Wenn Du nicht sofort ruhig bist, ...

3. *Moralisieren, predigen, beschwören*
   - Mach' das doch bitte!
   - Du solltest Dich jetzt mal zusammennehmen!
   - Ich wünsche, daß Ihr aufhört zu reden!
   - Du solltest in Zukunft pünktlich kommen!
   - Du solltest versuchen, Deine Einstellung zur Schule zu verändern.

4. *Beraten, Vorschläge machen, Lösungen liefern*
   - Das Beste für Dich ist doch wohl...
   - Nach meiner Meinung solltest Du aus dem Rest des Schuljahres für Deine Note noch etwas machen.
   - Wenn Du mich fragst, ich würde in Zukunft erst mal pünktlich zum Unterricht erscheinen.
   - Warum versuchst Du nicht einfach, mal mehr zu arbeiten?

5. *Durch Logik überzeugen, Vorträge halten, Gründe anführen*
   - Es ist sicherlich richtig, in Zukunft auf jeden Fall pünktlich zum Unterricht zu kommen, weil ...
   - Ihr müßt Euch über folgendes im klaren sein: Wenn Ihr weiterhin so intensiv miteinander redet, wird das sicherlich Eurer Leistung schaden, weil ...
   - Es spricht eigentlich alles dafür, durch Leistung zu überzeugen; dafür gibt es eine Menge Vorbilder ...

6. *Urteilen, kritisieren, widersprechen, Vorwürfe machen*
   - Es ist doch dumm von Dir, nicht pünktlich zum Unterricht zu kommen.
   - Ihr seid wirklich auf dem falschen Weg, wenn Ihr dauernd miteinander redet.
   - Du hast unrecht, wenn Du glaubst, Deine Mitschüler seien im Vergleich zu Dir besser beurteilt worden.
   - Du siehst das falsch, wenn Du glaubst, ich bin nicht wirklich an Deinen Problemen interessiert.

7. *Loben, zustimmen, schmeicheln*
   - Du bist doch vernünftig, also ...
   - Ihr seid ja sonst ganz fleißige und kluge Schüler, aber ...
   - Du hast doch 'ne Menge Kenntnisse in Mathematik, ...
   - Ich finde das wirklich gut, daß Du Dich beschwerst.
   - Bisher hast Du doch solche Schwierigkeiten immer noch irgendwie in den Griff bekommen.

8. *Beschimpfen, lächerlich machen, beschämen*
   - Du kannst doch nicht einfach so oft zu spät kommen!
   - Ihr könnt doch nicht glauben, daß das gut geht, wenn Ihr in Zukunft so weitermacht.
   - Du arbeitest eben nicht gut genug. Deshalb ist Deine Note so schlecht.
   - Du kannst mich mit einer solchen unbegründeten Kritik überhaupt nicht beeindrucken.
   - Du solltest erst mal Dein Benehmen überprüfen!

9. *Interpretieren, analysieren, diagnostizieren*
   - Du hast Probleme mit mir.
   - Was Deine eigentliche Schwierigkeit ist, ...
   - Du willst mich offenbar beeindrucken, wenn Du ...
   - Du bist unfähig, Deine Leistung zu beurteilen.
   - Was Ihr wirklich brauchtet, ...

10. *Beruhigen, Sympathie äußern, trösten, aufrichten*
    - Das wird schon noch klappen!
    - Warte mal bis morgen, dann sieht die Welt schon wieder anders aus.
    - Solche Situationen sehen auf den ersten Blick meistens schlimmer aus, als sie sind.
    - Es wird alles nicht so heiß gegessen wie gekocht.
    - Deine Verspätungen sind ja nicht so schlimm.
    - So bedeutend ist diese „5" doch nicht.

11. *Forschen, fragen, verhören*
    - Warum kommst Du eigentlich immer zu spät?
    - Wie lange glaubst Du schon, ungerecht von mir beurteilt zu werden?
    - Was hat Euch eigentlich dazu veranlaßt, ständig miteinander zu sprechen?
    - Was hast Du Dir denn schon einfallen lassen, um mit diesem Mathematikproblem fertig zu werden?
    - Gibt es einen Grund dafür, daß Du mich jetzt so anschreist?

12. *Ablenken, ausweichen, aufziehen*
    - Laßt uns doch erst mal 'ne Tasse Kaffee trinken.
    - Das erinnert mich an eine Situation von vor drei Jahren ...
    - Du solltest Dich erst mal etwas beruhigen, bevor wir darüber weiter miteinander sprechen.
    - Vielleicht steckt hinter Deinem Verhalten wirklich ein Problem.
    - Diese dauernden Verspätungen haben doch auch ihr Gutes.

Übung 20

Vergleichen Sie Ihre Äußerungen in bezug auf die Übungen 15 bis 19 mit den obigen, und versuchen Sie, Ihre eigenen Aussagen in die entsprechenden Kategorien einzuordnen.

Aller Wahrscheinlichkeit nach werden Sie bei der Bearbeitung der Übung 20 rasch festgestellt haben, daß Sie sämtliche Ihrer Äußerungen, die Sie im Zusammenhang mit den Übungen 14 bis 19 formuliert haben, ohne Probleme in die von Gordon beschriebenen zwölf Kategorien von Kommunikationsblockaden haben einordnen können. Dies ist nicht weiter verwunderlich; denn aus der Sicht der humanistischen Psychologie, wie sie auch Gordon vertritt, besitzt der Ratsuchende eben selbst die Fähigkeit, sein Problem zu definieren und schließlich auch zu bewältigen. Demgegenüber neigen wir – zumal in Alltagssituationen – im allgemeinen dazu, die Aussagen, Verhaltensweisen und Schwierigkeiten, mit denen uns andere Menschen konfrontieren, vergleichsweise rasch zu interpretieren, zu analysieren und aufgrund der damit oft einhergehenden mitunter moralisierenden Beurteilung – mitunter auch vorschnell! – Ratschläge zu erteilen.

Aus gesprächspsychotherapeutischer Sicht wird eine solche Vorgehensweise grundsätzlich abgelehnt, weil sie die Selbst-Verwirklichungstendenzen des Ratsuchenden in unzulässiger Weise beschränkt, zugleich den Berater aus der Rolle des bloßen facilitators entläßt und ihm im therapeutischen Zusammenhang die Funktion des Überlegenen zuweist. Doch so sehr die humanistische Psychologie – fraglos mit gewissem Recht – die Verwendung der beschriebenen Gesprächsblockaden konsequent zu vermeiden sucht, so wenig erscheint es allerdings sinnvoll, die verantwortungsbewußte Verwendung aller der oben erwähnten Sprachstrukturen prinzipiell abzulehnen. Für diese Überlegung gibt es mehrere Gründe:

1. Das Postulat, Menschen seien prinzipiell fähig, mit ihren Schwierigkeiten allein fertig zu werden, kann empirisch nicht bestätigt werden und muß daher in seiner Berechtigung angezweifelt werden.
   Von daher erscheint es durchaus vernünftig, Menschen dadurch zu helfen, daß man ihnen beispielsweise überlegt Ratschläge erteilt, sie vor möglichen Gefahren ihres Tuns angemessen warnt oder sie argumentativ zu überzeugen versucht, einen bestimmten, für sie nützlichen Weg zu beschreiten.

2. Die anthropologische Annahme, jeder Mensch sei in der Lage, seine Probleme selbst zu meistern, übersieht, daß es alters- und erfahrungsbedingte Differenzen zwischen Menschen gibt, die auch sinnvoll zum Nutzen der psychisch Belasteten eingesetzt werden können und sollten.
Vor diesem Hintergrund kann es hilfreich sein, Verhaltensweisen vorsichtig zu interpretieren, Fragen nach etwaigen Hintergründen zu stellen oder auch denkbare Lösungen anzubieten, die aus der eigenen Sicht für den Ratsuchenden erfolgversprechend erscheinen.

3. Die humanistische Psychologie geht im Grundsatz von Erwachsenen aus und berücksichtigt deshalb nicht hinreichend, daß Beratung Kindern und Jugendlichen gegenüber nicht selten eine Erziehungsfunktion hat, die in vielen Fällen ohne Grenzziehungen (= Gesprächsblockaden) nicht auskommt.
Aus dieser Perspektive ist fraglos zu rechtfertigen, Heranwachsenden gegenüber in gewissen Grenzen moralisierend, aber auch lobend, tröstend und beruhigend aufzutreten, um ihnen auf diese Weise perspektivische Hilfestellung zu geben, ihren eigenen Lösungsweg für die jeweilige Problemkonstellation zu finden.

4. Gordon und seine Anhänger realisieren nicht angemessen, daß bestimmte von ihnen als Gesprächsblockaden bezeichnete Sprachmuster für den Ratsuchenden hilfreich sein können, weil sie ihm in klarer, unmißverständlicher Form vor Augen führen, wie es um ihn steht.
Jemanden sachlich zu kritisieren, ihm aus eigener Anschauung deutlich zu widersprechen oder ihn ggf. aufzufordern, etwas ganz Bestimmtes zu tun oder zu lassen kann so gesehen zweckmäßig sein, wenn man potentielle Verschleierungsmanöver und Fassadenhaftigkeit seitens der Beteiligten grundsätzlich und von Anfang an vermeiden will.

Die oben formulierten Einwände dürfen freilich nicht darüber hinwegtäuschen, daß es für den Therapeuten ohne Zweifel angebracht ist, auf einige der von Gordon aufgelisteten Straßensperren im Rahmen von Beratungsgesprächen prinzipiell zu verzichten, will er nicht Gefahr laufen, den Kommunikationsprozeß vorzeitig beenden zu müssen, weil der Ratsuchende sich weigert, weiterhin daran teilzunehmen: Jemandem im Kontext einer Beratungssituation zu drohen, ihm Vorwürfe zu machen, ihn zu beschimpfen oder zu verhören oder ihn gar aufzuziehen wird fast unweigerlich zum Abbruch der Beziehung zum Klienten führen und ist daher tunlichst zu unterlassen.

Allerdings versteht sich auch von selbst, daß ein Berater, der sich darum bemüht, emotionale Wärme auszustrahlen, echt zu sein und sein Gegenüber in seinem

So-sein hier und jetzt zu akzeptieren, schon vom Ansatz her nicht in die Versuchung geraten wird, entsprechende gesprächsblockierende Sprachmuster zu verwenden. Gleichwohl sollte sich ein solcher Berater aber auch nicht von der Idee leiten lassen, daß damit alle der von Gordon genannten Straßensperren für ihn automatisch tabuisiert sind. Auf der Grundlage einer vertrauensvollen, von Offenheit und gegenseitigem Verstehen geprägten Therapeuten-Klienten-Beziehung kann – wie gesehen – so manche der sogenannten Kommunikationsblockaden im Rahmen des Beratungsgesprächs durchaus ihren berechtigten Stellenwert erhalten.

Übung 21

Überprüfen Sie, inwieweit Sie Ihre Äußerungen, die Sie im Zusammenhang mit den Übungen 14 bis 19 formuliert haben, nach den voranstehenden Überlegungen aufrechterhalten möchten. Klären Sie in jedem einzelnen Fall ausführlich, warum Sie sich für oder gegen das jeweilige Sprachmuster entscheiden.

Übung 22

Überlegen Sie, welche anderen sprachlichen Formulierungen Sie für die Äußerungen hätten wählen können, die Sie bei der Bearbeitung von Übung 22 als Straßensperren erkannt haben.

Übung 23

Machen Sie sich ggf. eine Liste solcher Formulierungen, die Sie in Zukunft unbedingt vermeiden oder häufiger anwenden wollen. Schauen Sie nach Möglichkeit täglich mehrfach auf diese Liste und bemühen Sie sich darum, sich die notierten Redewendungen einzuprägen, so daß Sie sie in tatsächlichen Beratungssituationen problemlos anwenden können.

Übung 24

Benutzen Sie die Redewendungen, die Sie im Sinne der Übung 23 aufgelistet haben, auch in den verschiedensten Alltagssituationen. Achten Sie darauf, wie Ihre Mitmenschen auf Ihre sprachlichen Äußerungen reagieren, und analysieren Sie – wann immer möglich – die beobachteten Reaktionen. Korrigieren bzw. ergänzen Sie im Anschluß an Ihre Analysen ggf. die Liste brauchbarer Formulierungen.

In den vorangegangenen Kapiteln 1 und 2 haben wir Sie mit einigen Grundlagen und Voraussetzungen von Beratungsprozessen vertraut gemacht; im nun folgenden dritten Teil des Buches werden wir Ihnen eine Reihe von Gesprächstechniken vorstellen, mit deren Hilfe Sie es leichter erreichen können, daß sich der Ratsuchende Ihnen gegenüber öffnet, zu Ihnen Vertrauen gewinnt und Ihnen dann auch von seinen Sorgen erzählt. Bedenken Sie dabei aber stets, daß die Anwendung von Gesprächstechniken sich allein solange als unvorteilhaft erweist, vielleicht sogar erfolglos bleibt, wie sie nicht von dem Bemühen begleitet ist, dabei als Berater authentisch, also echt zu sein (vgl. a. Bachmair u.a. 1989, 29 ff.; Kliebisch 1991a, 25 ff.).

Anders ausgedrückt: Spürt der Ratsuchende, daß der Berater in der Gesprächssituation nicht als Person, sondern als Sachwalter bestimmter antrainierter Methoden fungiert, wird er sich aller Wahrscheinlichkeit nach verschließen, wie er sich als Mensch nicht angenommen weiß, sondern das berechtigte (!) Gefühl verspürt, zum bloßen Fall degradiert zu sein, mit dem ein strategisches Spiel gespielt wird. Gesprächstechniken – so wirkungsvoll sie ohne Frage im einzelnen sein mögen – sollten demnach grundsätzlich helfenden Charakter haben; sie sollten den Berater, der sich in den Beratungsprozeß stets akzeptierend, einfühlend und kongruent einbringen sollte, dabei unterstützen, den Ratsuchenden bei der Lösung seines Problems konstruktiv zu begleiten. Das heißt für den Therapeuten:

Wann immer Sie eine oder mehrere der im folgenden näher erläuterten Gesprächsmethoden anwenden, achten Sie darauf, daß Sie der Ratsuchende dabei immer als ganzheitlichen Menschen und nicht bloß als kompetenten Techniker erlebt.

3. GESPRÄCHSTECHNIKEN

*„Man muß sich darüber klar sein, daß man niemals genau **weiß**, was in einem anderen Menschen vorgeht, denn man kann nicht in ihn hineinsehen. Man kann lediglich **vermuten**, was in jemand anders vorgeht, indem man versucht, die sprachlichen oder nicht-sprachlichen Botschaften zu deuten, die man wahrnimmt.“*

(Gordon 1989, 63)

In diesem Kapitel

- stellen wir Ihnen eine Reihe von Techniken vor, die Sie in der Einleitungs-, der Problem(lösungs)- und in der Abschlußphase eines Beratungsgesprächs einsetzen können;

- bieten wir Ihnen wiederum zahlreiche Übungen an, mit deren Hilfe Sie die besprochenen Methoden jederzeit in Ihre individuelle Beratungspraxis einzubeziehen vermögen;

- zeigen wir Ihnen, wie Sie die von Ihnen geführten Beratungsgespräche unter Nutzung des nachträglichen „Lauten Denkens“ und der Supervision sinnvoll nachbereiten sollten.

3.1 Die Methoden im Überblick

Beratungsgespräche sind – wie andere Kommunikationssituationen auch – soziale Interaktionen, an denen jeweils mindestens zwei Personen beteiligt sind. Solche Interaktionsprozesse sind vor allem dadurch gekennzeichnet, daß sie nicht linear strukturiert sind, sondern systemisch verlaufen; d.h., die am Geschehen Beteiligten beeinflussen sich durch ihr Verhalten stets wechselseitig (s. Abb. 11 u. zum Folgenden insgesamt Watzlawick/Beavin/Jackson 1990, 53 ff.; Bachmair u.a. 1989, 96 ff.).

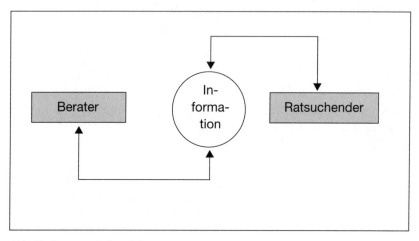

Abb. 11: Beratung als Interaktion

Übung 1

Überlegen Sie, welche Konsequenzen sich allgemein und speziell für Beratungsgespräche aus dem Umstand ergeben, daß es sich beim Kommunikationsgeschehen prinzipiell um Interaktionsprozesse handelt.

Jede kommunikative Interaktion läuft ferner grundsätzlich auf zwei miteinander vernetzten Ebenen ab: Analytisch zu unterscheiden sind dabei die **Inhaltsebene** von der **Beziehungsebene**. Die Inhaltsebene von Kommunikation bezieht sich jeweils auf die im Rahmen des Gesprächs tatsächlich verhandelten Sachverhalte, also die Themen, Probleme, Fragen usw., während die Beziehungsdimension beschreibt, wie die Gesprächspartner im Laufe ihrer Unterhaltung miteinander umgehen, wie sie zueinander stehen (s. Watzlawick/Beavin/Jackson 1990, 53 ff.; Schulz v. Thun 1989a, 129 ff. u. 156 ff.).

Wenn beispielsweise der Berater formuliert, daß sein Klient in jedem Falle in Zukunft sein Verhalten in eine bestimmte Richtung zu ändern habe, so definiert er auf diese Weise seine Beziehung zum Ratsuchenden als die des überlegenen Lehrers („Ich weiß, was für Sie richtig ist."). Anders verhält es sich in dem Augenblick, in dem sich der Berater darum bemüht, mit dem Ratsuchenden gemeinsam nach erfolgversprechenden Lösungen für die anstehenden Probleme zu suchen, und in diesem Sinne etwa fragt, ob der Ratsuchende sich vorstellen könne, für die nächste Zeit einen bestimmten Weg zu beschreiten („Ich möchte Ihnen helfen und schlage Ihnen deshalb vor, ..."; s.a. Abb. 12).

Inhaltsebene	Problemlösung	Problemlösung
Beziehungsebene	„Ich weiß es besser."	„Ich möchte Ihnen helfen."

Abb. 12: Inhalts- und Beziehungsebene

Interessant ist bei dieser Gelegenheit festzuhalten, daß die Beziehungsebene die Sachebene in dem Sinne grundsätzlich bestimmt, daß die Qualität der Beziehungsebene definiert, was auf der Sachebene der Kommunikation überhaupt noch verhandelbar ist: Wenn also der Berater den Klienten bevormundet, ihn zurechtweist oder gar beschimpft, also Gesprächsblockaden verwendet (s.a. o. Kap. 2.3), wird die Beziehung zwischen Berater und ratsuchendem Schüler so nachhaltig gestört, daß damit auch eine vernünftige Besprechung des eigentlichen Problems, also der Sache, nicht mehr möglich wird, weil sich der Ratsuchende aller Wahrscheinlichkeit nach an einen anderen Berater wenden oder auf die Beratung ganz verzichten wird. Je mehr also der Berater in der Lage ist, eine positive Beziehung zum Ratsuchenden aufzubauen (s.o. Kap. 2.2), desto eher wird Aussicht darauf bestehen, auch das Ziel der Beratung, die Wiederherstellung der Ganzheitlichkeit des Klienten, zu erreichen (s.o. Kap. 2.2 u. Abb. 13).

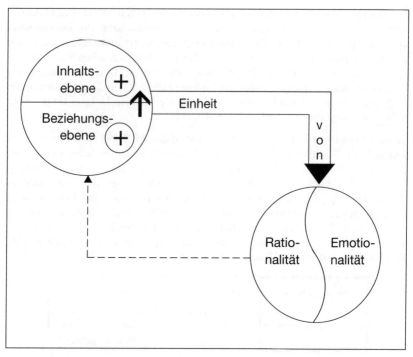

Abb. 13: Kommunikationsebenen und Beratungsziel

Die damit skizzierte Struktur von Wechselseitigkeit ist im Kontext psychologischer Beratung auf der Inhaltsebene nicht *symmetrisch*, sondern *komplementär* strukturiert. Symmetrisch ist ein Kommunikationsprozeß immer dann, wenn die Beziehung der Gesprächspartner auf Gleichheit beruht. Die Partner können sich während ihrer gemeinsamen Kommunikation dann stets auf gleiche Weise verhalten; ihr Tun ist grundsätzlich reversibel. In Beratungsgesprächen verläuft der Kommunikationsprozeß demgegenüber komplementär, weil die Beteiligten, Berater und Ratsuchender, unterschiedliche Rollen einnehmen, die sich gegenseitig ergänzen und unabhängig voneinander gar nicht denkbar wären. Während Berater und Ratsuchender auf der Inhaltsebene komplementär kommunizieren, besteht allerdings gleichzeitig auf der Beziehungsebene durchaus die Möglichkeit einer symmetrischen Kommunikation (vgl. Watzlawick/ Beavin/Jackson 1990, 68 ff.).

Die Komplementarität im inhaltlichen Bereich des Beratungsgeschehens resultiert aus der Fachkompetenz des Beraters, der dem Ratsuchenden in dieser Hinsicht ohne Frage überlegen ist und diese Überlegenheit durchaus konstruktiv zum Nutzen des Ratsuchenden einbringen sollte. Allerdings muß sich aus dem Einsatz von Fachkompetenz keineswegs zwangsläufig eine negative Beziehungsdefinition zwischen Ratgeber und Ratsuchendem ergeben; will der Berater eine positive Beziehungsstruktur etablieren, ist es wichtig, daß sich der Ratsuchende durchgängig als Mensch verstanden und akzeptiert fühlt, gleichzeitig muß – aufgrund der Interaktionsverhältnisse – der Berater auch vom Ratsuchenden als Person angenommen werden.

Übung 2

Überlegen Sie, auf welche Weise Sie als Berater feststellen können, daß Sie vom Ratsuchenden akzeptiert werden.

Übung 3

Überprüfen Sie, welche Techniken Sie selbst bislang bewußt angewendet haben, um vom Ratsuchenden als Beratungslehrer oder beratender Lehrer akzeptiert zu werden.

Ein weiterer wichtiger Gesichtspunkt, der jedem Kommunikationsprozeß, also auch Beratungsgesprächen, eigen ist, liegt in der Tatsache, daß jede Kommunikation analoge und ggf. zusätzlich digitale Botschaften enthält. In den Bereich **analoger** Kommunikation gehören beispielsweise sämtliche **nicht-verbalen Äußerungen** auf dem Gebiet der Körpersprache, während sich **digitale** Kommunikation im wesentlichen über **Sprache** abwickelt (s.a. Bachmair u.a. 1989, 98 ff.; Watzlawick/Beavin/Jackson 1990, 61 ff.; Molcho 1983 u. 1988 u. 1990; Fast 1984).

Man kann leicht einsehen, daß analoge Signale in vielen Fällen nicht eindeutig sind und daher der Interpretation bedürfen. Fährt beispielsweise ein Zuhörer während des Vortrags eines Referenten mit einer Hand über Augen und Stirn, ist nicht unbedingt erkennbar, ob er damit nur seine Müdigkeit vertreiben will, sich gelangweilt fühlt oder überhaupt kein definierbarer Grund für die Geste vorliegt. Digitale Zeichen, also die menschliche Sprache, müssen in diesen oder ähnlichen Fällen oft helfen, die erforderliche Klarheit in die Situation zu bringen. Allerdings darf man sich auch hierbei nicht in eine Sicherheit vermeintlicher Exaktheit wiegen: Im Bercich abstrakter Begriffe oder bei der Beschreibung von Gefühlen ist letztlich auch unsere Sprache vielfach hilflos und vermag das eigentlich Gemeinte lediglich näherungsweise zum Ausdruck zu bringen (vgl. Abb. 14).

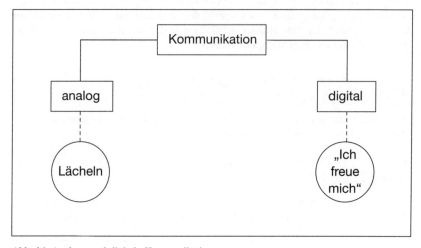

Abb. 14: Analoge und digitale Kommunikation

Übung 4

Achten Sie in der nächsten Zeit genauer vor allem auf Ihre körpersprachlichen Signale, die Sie im Verlauf von Beratungsprozessen senden. Überlegen Sie, welche Wirkung diese Zeichen auf den Ratsuchenden haben könnten. Bemühen Sie sich gleichzeitig darum, eine Kongruenz zwischen analoger und digitaler Information bei sich selbst zu erreichen. Vermeiden Sie also dissonante Signale.

Um im Verlauf des hier nur knapp in seinen Strukturen angedeuteten kommunikativen Interaktionsprozesses, wie ihn ein Beratungsgespräch darstellt, effektiv arbeiten zu können, sollte der Berater sich über die beschriebenen Prinzipien im klaren und seiner eigenen Fähigkeiten in diesem Zusammenhang bewußt sein oder werden und diese zielgerichtet einsetzen. Zu diesem Zweck steht ihm eine Reihe geeigneter Techniken zur Verfügung, die allesamt davon ausgehen, daß der Berater aufgrund seiner Fachkompetenz das Beratungsgespräch führt, dabei aber dennoch dafür Sorge trägt, daß der Ratsuchende sich nicht als Objekt dieses Prozesses erlebt, sondern als jemand, dem durch den Berater sinnvolle Hilfestellung angeboten wird, die vor jeder praktischen Umsetzung vom Ratsuchenden selbst auch kritisch geprüft werden darf und soll.

Übung 5

Überlegen Sie, welche Möglichkeiten Sie in Beratungsgesprächen dem Ratsuchenden zur Verfügung stellen, Ihre Vorschläge zu prüfen.

Übung 6

Fragen Sie sich, wie Sie reagieren würden, wenn ein Ratsuchender Ihre Überlegungen als Berater verwerfen würde. Analysieren Sie ggf. eine solche Situation mit Hilfe des Ihnen aus Kapitel 2.3 vertrauten A-B-C-D-E-Schemas.

Techniken im Beratungsgespräch

Die Gesprächsmethoden, die der Berater im Verlauf der Beratung zur Anwendung bringen kann, sollen hier kurz vorgestellt und dann in den folgenden Abschnitten (3.2 bis 3.10) ausführlicher erläutert werden. Alle Techniken, die in diesem Kontext Erwähnung finden, können an jedem Punkt eines Beratungsgesprächs zum Einsatz kommen; unabhängig davon lassen sich allerdings auch Gesprächsphasen benennen, die als bevorzugter Einsatzort der jeweiligen Methoden anzusehen sind. Wir gehen bei unserem Modell im Grundsatz von einem **vierphasigen Gesprächsverlauf** aus, der sich in eine **Einstiegs-**, in eine **Problem-**, eine **Abschluß-** und eine **Nachbereitungsphase** gliedern läßt.

Die Übersicht ordnet die einzelnen Gesprächstechniken diesen Phasen zu und verweist gleichzeitig auf die entsprechenden Kapitel, in denen die jeweiligen Methoden dann detaillierter behandelt werden.

Phase	Techniken	Kapitel
1. Phase: Einstieg	* Türöffner	→ 3.2
	* Rapport	→ 3.3
	* Bestätigende Reaktionen	→ 3.4
2. Phase: Problem	* Passives Zuhören	→ 3.5
	* Aktives Zuhören	→ 3.6
	* Fragen – Bewerten – Raten	→ 3.7
3. Phase: Abschluß	* Feedback	→ 3.8
4. Phase: Nachbereitung	* Nachträgliches lautes Denken	→ 3.9
	* Supervision	→ 3.10

Übung 7

Fragen Sie sich, nachdem Sie die nebenstehend abgedruckte Übersicht genauer angeschaut haben, was Sie bereits mit den dort genannten Techniken verbinden.

Notieren Sie möglichst präzise, welche Kenntnisse Sie schon besitzen, und verwenden Sie diese Aufzeichnungen bei der weiteren Lektüre der folgenden Abschnitte dieses Buches.

3.2 Türöffner

Die Einstiegsphase einer jeden Beratung stellt – wie bei anderen Kommunikationsprozessen auch – naturgemäß eine besonders schwierige Situation dar. Denn an dieser Stelle entscheidet sich häufig, wie erfolgreich das weitere Verfahren sich überhaupt entwickeln wird und kann.

Machen wir uns klar, daß am Anfang auch eines schulischen Beratungsgesprächs häufig zwei sich in ihren Rollen zunächst weitgehend fremde Menschen zum erstenmal begegnen; Antipathien und Sympathien – schon aufgrund des äußeren Erscheinungsbildes des Gegenübers – werden unmittelbar wachgerufen. Die Interaktionspartner stehen einander gegenüber und werden weitgehend geprägt durch den ersten Eindruck; vergleichsweise rasch gelangt jeder für sich zu einem Vor-Urteil über den jeweils anderen; ein Vor-Urteil allemal, das im Verlaufe des dann folgenden Beratungsprozesses aller Wahrscheinlichkeit nach nur noch sehr schwer zu korrigieren sein dürfte (vgl. Kap. 1.2 u. 1.3).

Nun handelt es sich bei einer Beratung aber nicht um eine beliebige und wohlmöglich unverbindliche Gesprächssituation, vielmehr ist für beide Beteiligten – den Berater und den Ratsuchenden – schon von vornherein klar, wie die Rollen in diesem Kontext verteilt sind. Vor diesem Hintergrund erscheint es wichtig, daß sich schnell eine positive Beziehung zwischen den potentiellen Gesprächspartnern einstellt, weil diese Erfahrung, wie im vorangegangenen Kapitel näher erläutert wurde, für ein Gelingen der Interaktion von ausschlaggebender Bedeutung ist. Eine positive Beziehungsdefinition stellt für beide Seiten die Basis dafür her, sich auf der Sachebene den Problemen des Ratsuchenden tatsächlich konstruktiv zuzuwenden.

Das vordringliche Ziel in der Eingangsphase des Gesprächs wird für den Berater demnach darin zu sehen sein, beim Ratsuchenden Vertrauen zu bewirken. Die erreichte Vertrauensbasis wird den Ratsuchenden bereit machen, seine anfängliche, verständliche Unsicherheit und Befangenheit zumindest insoweit abzulegen, daß er fähig wird, sich emotional zu entkrampfen und die Schwierigkeiten, die ihn in die Beratung geführt haben, dann vergleichsweise offen anzusprechen.

Für viele Menschen ist es allerdings keineswegs selbstverständlich, sich anderen anzuvertrauen und mit ihnen ihre Probleme zu besprechen, sei es aus Scheu, sich selbst dabei bloßzustellen, sei es aus der zum Teil sicherlich berechtigten Sorge, man könne nicht verstanden werden oder der andere fühle sich gar belästigt, daß

man ihm von sich erzählt. Ratsuchende neigen infolge ihres psychischen Un-
gleichgewichts nicht selten dazu, solche im allgemeinen irrationalen Gedanken
zu kultivieren, so daß der Berater, nachdem er allein schon durch den Besuch
des Ratsuchenden von der Existenz eines ernstzunehmenden Problems erfahren
hat, den Ratsuchenden vielfach selbst dazu ermutigen muß, mit ihm gemeinsam
das entsprechende Problem anzugehen oder vertiefend zu bearbeiten.

Übung 8

Überlegen Sie, wann Sie das letzte Mal mit einem (potentiellen) Ratsuchenden zu tun hatten, der Ihnen bereits zu Beginn der Beratung ziemlich
unmißverständlich – verbal und/oder nicht-verbal – zu verstehen gab, daß er
nicht bereit ist, mit Ihnen (weiter) über sein Problem zu sprechen. Analysieren Sie aus Ihrer eigenen Perspektive die erinnerte Situation nach dem
Ihnen aus Kapitel 2.3 vertrauten A-B-C-D-E-Schema. Ziehen Sie ggf.
Konsequenzen aus der Analyse, bevor Sie die folgenden Übungen bearbeiten.

Übung 9

Stellen Sie sich noch einmal die Situation vor Augen, an die Sie im Zusammenhang mit Übung 8 erinnert haben. Fragen Sie sich, was an Ihrem
eigenen Verhalten den Ratsuchenden möglicherweise veranlaßt oder zumindest mit beeinflußt hat, sich Ihnen gegenüber zurückhaltend bis ab-
wehrend zu verhalten. Nutzen Sie zur Analyse ggf. wiederum das A-B-C-
D-E-Schema. Überlegen Sie Konsequenzen, die sich aus dem Ergebnis Ihrer
Analyse ergeben könnten.

Übung 10

Wenn Sie bei der Bearbeitung von Übung 9 zu der Feststellung gekommen
sein sollten, daß mehr oder weniger große Anteile Ihres eigenen Verhaltens
den Klienten zu seiner reservierten Reaktion gebracht haben (könnten),
überlegen Sie, wie Sie sich hätten anders verhalten können, um die Blockade
bei Ihrem Gesprächspartner ganz oder zumindest zum Teil zu vermeiden.
Fragen Sie sich in diesem Zusammenhang auch, wie authentisch Sie im Falle
der alternativen Verhaltensmuster tatsächlich gewesen wären.

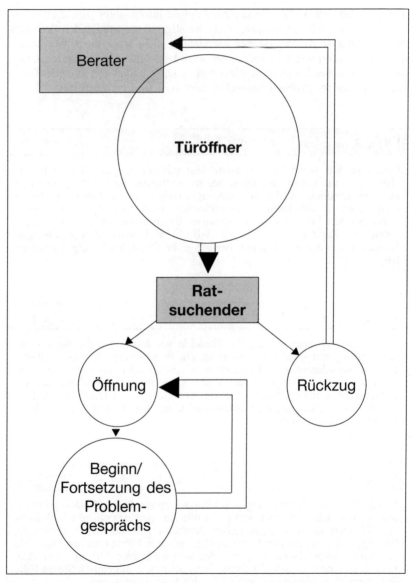

Abb. 15: Funktion von Türöffnern

Um nicht schon zu Anfang einer Beratungssituation durch eigenes sprachliches Verhalten gesprächsblockierend zu wirken, sollte der Berater sich der Sensibilität des Beratungsanfangs stets bewußt sein und vor diesem Hintergrund versuchen, jeden direkten Zugriff auf den Ratsuchenden zu vermeiden. Er kann zu diesem Zweck einen themafremden Einstieg in das Beratungsgespräch wählen und sich anschließend darum bemühen, sogenannte Türöffner einzusetzen, um auf diese Weise einen vermittelten Zugang zum Problem des Ratsuchenden zu gewinnen.

Bei Türöffnern handelt es sich um nicht festlegende Formulierungen, die zwar einerseits beabsichtigen, den Hilfesuchenden so rasch wie möglich in ein Problemanalysegespräch hineinzuziehen, ihm aber andererseits zugleich die Möglichkeit offenhalten, im Bedarfsfalle auszuweichen und sich ggf. noch einmal zurückzuziehen. Türöffner haben also die Funktion, das Beratungsgespräch in Gang zu bringen, ohne von seiten des Therapeuten das Risiko einzugehen, daß der Klient schon im Ansatz in die Defensive gedrängt wird und damit das Gespräch unter Umständen bereits zu Ende ist, bevor es überhaupt begonnen hat (s. Abb. 15; vgl. a. Gordon 1980, 54; ders. 1981, 61 ff.; ders. 1989, 66; s.a. Kliebisch 1991a, 41 ff.).

Unter anderem mit Bezug zu den Übungen 15 bis 19 aus Kapitel 2 (s. ggf. auch dort) lassen sich folgende Beispiele für Türöffner geben:

○ **Situation 1:** *Fritz kommt zu spät zum Unterricht.*

Türöffner:
„Ich habe in der letzten Zeit mehrfach beobachtet, daß Du zu spät zum Unterricht kommst. Möchtest Du vielleicht mal darüber reden?"

○ **Situation 2:** *Christine und Peter unterhalten sich während des Unterrichts.*

Türöffner:
„Christine und Peter, Ihr redet unentwegt im Unterricht. Erzählt mir doch bitte, worüber Ihr sprecht."

○ **Situation 3:** *Olaf beschimpft seinen Psychologen.*

Türöffner:
„Sie sagen, alle Psychologen seien faul. Würde es Ihnen helfen, mir mehr darüber zu erzählen, wie Sie zu dieser Ansicht kommen?"

○ **Situation 4:** *Ihre Klientin Monika, 44 Jahre, redet am Anfang der Beratung sehr viel über ihr Hobby und kommt nicht zum eigentlichen Grund ihres Besuches.*

Türöffner:
„Ich bin schon sehr interessiert daran zu erfahren, was Sie eigentlich zu mir geführt hat."

○ **Situation 5:** *Peter, 28 Jahre, spricht zu Beginn der Beratungssituation nur über die Fehler, Schwächen und Schwierigkeiten seiner Familienangehörigen, aber nicht über sich selbst.*

Türöffner:
„Ich bin ziemlich neugierig zu erfahren, wie Sie sich in den Situationen, die Sie beschrieben haben, selbst gefühlt haben. Könnten Sie dazu etwas sagen?"

○ **Situation 6:** *Sandra, 16 Jahre, ist sehr schlecht in Mathematik und will deshalb das Schuljahr wiederholen. Ihre Eltern sind allerdings dagegen.*

Türöffner:
„Du bist schlecht in einem ziemlich wichtigen Fach. Ich möchte Dir gerne helfen, mit dieser Schwierigkeit fertig zu werden, soweit ich dies kann."

○ **Situation 7:** *Anja, Hausfrau, 39 Jahre, fühlt sich von Ihrem Ehemann vernachlässigt und erwägt daher, sich scheiden zu lassen, schafft die innerliche Trennung von ihrem Mann aber nicht.*

Türöffner:
„Sie fühlen sich ungerecht behandelt. Wie Sie das sagen, klingt das, als bedeute Ihnen die Anerkennung von Ihrem Mann immer noch sehr viel."

○ **Situation 8:** *Petras Eltern kommen in die Beratung und berichten, daß sie seit einiger Zeit mit ihrer siebzehnjährigen Tochter nicht mehr zurechtkommen.*

Türöffner:
„Sie haben Schwierigkeiten mit Ihrer Tochter. Wie Sie so dasitzen, macht es auf mich den Eindruck, als ob Ihnen die Situation sehr nahegeht."

Übung 11

Versuchen Sie, bezogen auf die folgenden Situationen, selbst Türöffner zu formulieren:

a) Peter schreibt bei Ihnen als Fachlehrer wieder eine „5". Im mündlichen Unterricht ist Peter engagiert, und Sie beurteilen seine Leistungen als „gut".

b) Birgit erzählt, der Lehrer X mache sie im Unterricht immer fertig.

c) Ein Kollege bringt einen Schüler zu Ihnen als Berater; Sie kennen den Schüler nicht und erfahren lediglich, daß dieser ständig im Unterricht störe.

d) Andrea (22), kommt zu Ihnen in die Beratung und berichtet von den Schwierigkeiten mit ihren Eltern; plötzlich stockt Andrea.

e) Nils (14), erzählt Ihnen zu Anfang der Beratung viel über seine privaten Interessen und verstummt dann plötzlich.

f) Christine hat Probleme damit, die Schule und eine Nebentätigkeit als Kellnerin miteinander zu vereinbaren; dies führt zu Hause zu ständigem Streit mit ihren Eltern.

g) Robert (17) möchte sich von Anja (18) trennen und erzählt in diesem Zusammenhang, daß er dies zwar schon mehrfach versucht, aber bislang nie wirklich geschafft habe. Der ständige, zeitaufwendige Ärger mit seiner Freundin führe bei ihm zu Problemen mit bestimmten Schulfächern, da er für diese die Hausaufgaben nicht mehr angemessen erledigen könne.

h) Sonja (17) hat viele Probleme mit ihren Eltern, wird auch oft von ihnen geschlagen; daher möchte Sie von Zuhause ausziehen.

i) Tanjas (12) Eltern sind bereits vierzehn Jahre verheiratet; sie haben zwei weitere Kinder im Alter von 10 und 8 Jahren. Seit einiger Zeit verspürt Tanjas Mutter das Bedürfnis, wieder berufstätig zu sein; Tanja ist dagegen, weil sie fürchtet, dann mehr auf ihre Geschwister aufpassen zu müssen und dadurch ihre schulischen Leistungen nicht mehr erbringen zu können.

Übung 12

Wenden Sie in Zukunft ganz bewußt auch in Alltagsgesprächen Türöffner an, und beobachten Sie, wie Ihre Kommunikationspartner darauf reagieren.

Notieren Sie sich die Reaktionen stichwortartig, und versuchen Sie, diese den folgenden Kategorien zuzuordnen: Die Person war a) irritiert, b) überrascht, c) verunsichert, d) gesprächsbereit, e) verschlossen, f) unbeteiligt.

Übung 13

Wenn Sie bei der Durchführung von Übung 12 den Eindruck gewinnen, daß Sie mit Hilfe der Verwendung von Türöffnern mit verschiedenen Menschen besser und rascher ins Gespräch kommen, überlegen Sie, wie es Ihrer Meinung nach, bezogen auf die jeweiligen Personen, tatsächlich zu dieser Entwicklung kommt. Benutzen Sie zur Analyse der Situationen ggf. das Ihnen aus Kapitel 2.3 bekannte A-B-C-D-E-Schema.

Übung 14

Legen Sie sich unter Umständen eine Liste von Türöffnern an, und bemühen Sie sich darum, die notierten Formulierungen zu verinnerlichen, so daß Sie sie in möglichst vielen Gesprächssituationen problemlos anwenden können.

3.3 Rapport

Wenn Sie es als Berater geschafft haben, mit Hilfe von Türöffnern das Beratungsgespräch in Gang zu bringen (oder nach einer Unterbrechung wieder aufzunehmen), gilt es nun, dafür zu sorgen, daß der Ratsuchende das einmal gewonnene Vertrauen nicht verliert, sondern vielmehr die schon gefundene emotionale Sicherheit stabilisiert und vertieft.

Wir stellen Ihnen im folgenden eine Technik vor, mit der Sie im Hinblick darauf, Ihr Gegenüber in die Lage zu versetzen, sich weiter zu öffnen und von den eigenen Bedürfnissen und Problemen zu sprechen, sicher äußerst erfolgreich sein werden. Um das angedeutete Ziel zu erreichen, müssen Sie lernen, zu Ihrem Gesprächspartner Rapport herzustellen, Sie müssen ihn also – mit anderen Worten – pacen oder spiegeln.

Rapport herstellen meint dabei, die je unterschiedlichen Erfahrungswirklichkeiten und Wahrnehmungen, die unterschiedlichen Welten des Beraters und des Ratsuchenden einander anzunähern und – soweit möglich – zur Deckung zu bringen. Spiegeln bedeutet in diesem Zusammenhang also, die Fähigkeit zu entwickeln, herauszufinden, auf welcher gedanklichen und gefühlsmäßigen Ebene sich Ihr Gegenüber zum Zeitpunkt der Beratung befindet, und sich auf dem Hintergrund dieser Kenntnisse mit ihm übereinstimmend zu verhalten.

Fries stellt in diesem Kontext mit Recht fest, daß sich „der beste Rapport" vorzugsweise dann einstelle, „wenn die Interaktionspartner ein gleiches Verständnis von dem haben, wie und über was sie miteinander reden (wollen)" (1985, 104). Da Sie aber zu Beginn eines Beratungsgesprächs erfahrungsgemäß kaum wissen können, ob der Ratsuchende unmittelbar über sein Problem reden möchte und kann oder ob es ihm vielleicht notwendig erscheint, erst eine Phase des gegenseitigen Abtastens einzuschieben, sollten Sie versuchen, den Rapport vorsichtig und behutsam einzuleiten. Bleiben Sie mithin möglichst lange in der Beobachterrolle, nutzen Sie die gesprächsinitiierende Kraft von Türöffnern, und warten Sie ab, ob der Ratsuchende auch ohne eine weiterreichende Hilfe über sein Anliegen zu sprechen beginnt. Also:

Haben Sie Geduld!

Wenn Sie allerdings feststellen, daß der Ratsuchende reden möchte und die Anfangssituation recht problemlos verläuft, sollten Sie unmittelbar damit beginnen, die Rapport-Techniken zum Einsatz zu bringen. Sie werden dabei sofort bemerken, daß Sie durch die Anwendung dieser Strategie unmittelbare(re)n Zugang zu fast jeder Person gewinnen werden, weil beim Spiegeln ein einfaches Grundprinzip menschlicher Interaktion verwirklicht wird, das darauf beruht, intuitiv diejenigen zu mögen, die so sind, so denken und sich so verhalten wie man dies selbst für gewöhnlich zu tun pflegt (vgl. Kliebisch 1991a, 36 ff.; s.a. Richardson 1992, 23 ff.; Dilts u.a. 1987, 120 ff.).

Übung 15

Versuchen Sie, sich an Situationen zu erinnern, in denen Sie sich mit einer anderen Person besonders gut verstanden haben. Fragen Sie sich, woran dies gelegen haben könnte. Notieren Sie die Antworten.

Übung 16

Wahrscheinlich gibt es auch in Ihrem Leben Situationen, in denen Sie einem anderen Menschen aus einem bestimmten Grund besonders gut gefallen wollten. Erinnern Sie sich daran, welche Strategien Sie zu diesem Zweck angewandt haben? Notieren Sie auch hier stichwortartig die Antworten.

In der Praxis steht Ihnen eine ganze Reihe von Möglichkeiten zur Verfügung, jemanden zu pacen und damit zu ihm Rapport herzustellen: Sie können beispielsweise die **Körpersprache** Ihres Gegenübers spiegeln, indem Sie stets eine zu ihm/ihr synchrone Haltung einnehmen. Im übrigen wird Ihnen vielleicht schon früher aufgefallen sein, daß die damit angesprochene Parallelität der Körperinteraktionen auch unterhalb einer Bewußtseinsschwelle gerade dann auftritt, wenn Sie sich mit jemandem in Rapport befinden (vgl. Fast 1984; Molcho 1983 u. 1988; s.a. Hajek 1984, 33 ff.).

Soweit Sie es vermögen, können Sie mit gleichem Ergebnis im Verlaufe des Beratungsprozesses auch die **Atmung** Ihres Gegenübers pacen, indem Sie auf die in der Regel recht gut erkennbaren Bewegungen des Brustkorbs achten und Ihre eigenen Atemzüge der beobachteten Geschwindigkeit anpassen (vgl. Bandler/Grinder 1991, 102 ff.; s.a. Richardson 1992, 42).

Wichtig erscheint nach aller Erfahrung ebenfalls, daß Sie es fertig bringen, Ihr eigenes **Sprechen** vor allem hinsichtlich des Tonfalls und der Geschwindigkeit, dem Ihres Kommunikationspartners anzugleichen. Dieses Vorgehen ist vor allem deshalb von Bedeutung, weil zweifellos gerade über die Sprache auch die jeweils aktuelle Befindlichkeit, d.h. die Stimmung des anderen Menschen zum Ausdruck kommt und damit besonders über eine Synchronizität im Bereich der Sprache die für Vertrauen und Offenheit so wesentliche emotionale Übereinstimmung angesteuert werden kann, die ihrerseits den Beratungsprozeß anschließend – nicht unwesentlich – zu befördern vermag (vgl. a. Rogers 1987a u. b; Dilts u.a. 1987, 100 f.; Richardson 1992, 34 ff.).

Gute Aussicht auf effektiven Rapport haben Sie auch dann, wenn Sie es schaffen, zu erkennen, welche **Wahrnehmungsebene(n)** der Ratsuchende jeweils als Repräsentationsebene benutzt, und Sie diese spiegeln.

Man unterscheidet gängigerweise vier Repräsentationsebenen, die dem Menschen jeweils dabei behilflich sind, geeignete Vorstellungen von der Welt zu entwickeln (s.a. Kliebisch 1995b):

o *Die visuelle Ebene*
  Die Welt wird in erster Linie durch die Augen, mit Hilfe des Sehens wahrgenommen.

o *Die auditive Ebene*
  Die Wahrnehmung erfolgt primär über die Ohren, also das Hören.

o *Die kinästhetische Ebene*
  Körpergefühle stellen den primären Zugang zur Wirklichkeit dar.

o *Die olfaktorisch-geschmackliche Ebene*
  Geruch und Geschmack geben in erster Linie einen Eindruck von der umgebenden Wirklichkeit.

Abgesehen davon, daß Menschen durch die Verwendung ganz bestimmter Verben vielfach zu erkennen geben, welche der genannten Wahrnehmungsebenen sie bevorzugen (z.B. „Ich sehe das vor mir." = visuell; oder: „Das hört sich gut an." = auditiv; „Das war wirklich kaum spürbar." = kinästhetisch; vgl. a. Mohl 1993, 17 ff.), kann der Berater das vom Ratsuchenden jeweils aktuell genutzte Repräsentationssystem auch noch auf andere Weise in Erfahrung bringen. Als geeignetes Hilfsmittel können Sie die Augenbewegungsmuster

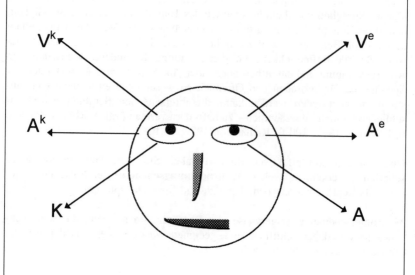

V^k = visuell konstruierte Vorstellungen

V^e = visuell erinnerte Vorstellungen

A^K = auditiv konstruierte Klänge/Geräusche oder Worte

A^e = auditiv konstruierte Klänge/Geräusche oder Worte

K = kinästhetische Empfindungen (zusätzlich Geruch und Geschmack

A = auditive Klänge/Geräusche oder Worte

Abb. 16: Visuelle Zugangshinweise (nach Bandler/Grinder 1991, 43)

Ihres Gegenübers heranziehen, an denen man in der Regel recht klar die zu dem entsprechenden Zeitpunkt verwendete Repräsentationsebene ablesen kann. Wenn Sie beispielsweise wahrnehmen, daß sich bei Ihrem Interaktionspartner die Augen kurz nach oben bewegen, können Sie davon ausgehen, daß seine Aussagen in diesem Augenblick visuell erinnert werden, bei konkreten Gefühlen andererseits wandern die Augen nach unten rechts (kinästhetischer Bereich), während die auditive Repräsentation sich in den meisten Fällen durch eine im wesentlichen horizontale Blickrichtung des Betreffenden erkennen läßt (vgl. Abb. 16 S. 82 u. s. Bandler/Grinder 1991, 43; Bachmair u.a. 1989, 35 ff.; Dilts u.a. 1987, 93 ff.; Cameron-Bandler 1983).

Sie sollten für Ihr eigenes Verhalten im Rahmen von Beratungsgesprächen zudem stets bedenken, daß es absolut keinen Sinn macht, einen gerade visuell repräsentierenden Menschen nach seinen Gefühlen zu fragen, ähnlich wie es als kontraproduktiv zu bezeichnen ist, wenn sie von einem Kinästhetiker erfahren wollen, wie ein Mensch aussah (= visuelle Repräsentation), und dabei die für den Kinästhetiker wesentlich wichtigere Gefühlsebene völlig außer acht lassen.

Welch' ungemein starken Einfluß das jeweils bevorzugte Repräsentationssystem auf die Erlebniswirklichkeit eines Menschen hat, macht Cameron-Bandler an folgendem Beispiel ausgesprochen anschaulich: „So ist für manche ausgeprägt visuellen Leute die Erfahrung, in einem sehr unordentlichen, ungepflegten Haus zu wohnen, mit der Erfahrung des Kinästhetikers vergleichbar, der in einem Bett voller Kuchenkrümel schlafen muß. Für den Kinästhetiker ist weggestoßen zu werden so, wie es für einen visuellen Menschen wäre, wenn er aus dem Bild gelassen würde. Für den auditiv-digitalen Menschen wäre unlogisch zu sein gleichbedeutend mit einem Besuch eines dreidimensionalen Films für den Kinästhetiker oder einer psychedelischen Light-Show für den Visuellen" (1983, 64).

Allerdings sollte man als Berater immer in Rechnung stellen, daß jeder Mensch zwar die Welt auf einer von ihm bevorzugten Repräsentationsebene wahrnimmt und speichert, allerdings in einer konkreten Gesprächssituation damit keineswegs gesagt ist, daß stets nur diese präferierte Dimension benutzt wird. Um jeweils beurteilen zu können, welches Repräsentationssystem aktuell zur Anwendung kommt, kann man sich dann der Augenbewegungsmuster bedienen. Jedoch sollte man auch hier grundsätzlich eine gewisse Vorsicht walten lassen, was die – womöglich vorschnelle – Interpretation des beobachteten Bewegungsmusters angeht. Nicht alle Augenbewegungen spiegeln in jedem Fall und

---

Übung 17

Überlegen Sie, ob und – wenn ja – welche Repräsentationsebenen durch die folgenden Klienten-Äußerungen widergespiegelt werden.

* „Ich konnte mir das überhaupt nicht richtig vorstellen, aber als er mir sagte, daß er mich verlassen will, war mir alles klar."

* „Wenn mir meine Eltern was sagen, hört sich das für mich immer so an, als ob ich was falsch gemacht habe. Ich fühle mich dann immer gleich schuldig und kriege ein schlechtes Gewissen."

* „Ich kam mir bei Peter immer so vor, als ob er mich herumstoßen würde, so, als ob ich nur ein Spielzeug für ihn wäre. Das hat mir wirklich wehgetan."

* „Ich hab' mir lange Zeit überhaupt kein rechtes Bild davon machen können, mit wem ich es da eigentlich zu tun hatte. Aber dann wurde mir sehr rasch klar, wohin die Reise gehen sollte."

* „Wenn mir mein Mathe-Lehrer etwas erklären will, kann ich oft gar nicht richtig zuhören, weil in der Klasse immer so viele reden. Für mich ist das ein echtes Problem; denn ich möchte in Mathe besser werden, und Herr X bemüht sich wirklich um die Schüler. Ich komme mir dabei oft so vor, als wär' ich die einzige, die Interesse am Lernen hat."

* „Olga sah schon immer so ungepflegt aus; überhaupt, in ihrer Wohnung war es irgendwie schmuddelig. Diese Unordnung habe ich am ganzen Leib gespürt; das machte mich richtig krank. Ich weiß auch nicht, wie das kam."

* „Von dem tatsächlichen Geschehen konnte ich mir bis heute eigentlich gar kein richtiges Bild machen. Aber wenn ich mich jetzt an das Ereignis zu erinnern versuche, hab' ich wieder einiges von dem vor Augen, was damals geschehen ist."

ständig die Wahrnehmungsebenen wider; denn auch in diesem physiologischen Bereich gibt es unwillkürliche bzw. nicht eindeutig zu definierende Bewegungen, die einer klaren Zuordnung zu den genannten Repräsentationssystemen weitgehend oder gar vollständig unzugänglich bleiben.

Für die konkrete Anwendung im Verlaufe eines Beratungsgesprächs bleibt – unter Berücksichtigung der erwähnten Vorbehalte und Einschränkungen – im Hinblick auf die Technik des Spiegelns dennoch eindeutig festzuhalten:

Stellen Sie zu Ihrem Klienten Rapport her; d.h., pacen bzw. spiegeln Sie ihn auf möglichst vielfältige Weise.

Übung 18

Bemühen Sie sich in der nächsten Zeit in beliebigen Alltagssituationen darum, die Körperhaltung Ihrer Gesprächspartner zu spiegeln. Achten Sie darauf, was sich daraufhin an der Atmosphäre bzw. der Interaktion ändert. Wie erklären Sie sich diese Veränderungen?

Übung 19

Versuchen Sie, in Alltagsgesprächen festzustellen, wie Ihr Partner atmet. Bemühen Sie sich anschließend darum, langsam Ihre eigene Atemfrequenz der Ihres Gegenübers anzupassen, und beobachten Sie wiederum, in welcher Weise sich die Situation atmosphärisch verändert.

Übung 20

Bemühen Sie sich darum, in einer beliebigen Alltagssituation die Körperhaltung und die Atmung Ihres Gesprächspartners gleichzeitig zu pacen. Beobachten und beurteilen Sie Veränderungen, die sich daraufhin ergeben.

Übung 21

Beobachten Sie in einer für Sie angenehmen Gesprächssituation Stimmlage, Sprechgeschwindigkeit und Wortwahl Ihres Partners, und stellen Sie anschließend auf diesem Gebiet Rapport her. Nehmen Sie wahr, ob sich daraufhin die Atmosphäre ändert.

Übung 22

Beobachten Sie intensiv die Augenbewegungen Ihrer Partner und versuchen Sie, sich sprachlich auf die jeweils festgestellte Repräsentationsebene einzulassen. Stellen Sie dann wiederum fest, was sich in der Situation ändert.

Übung 23

Beobachten Sie in der nächsten Zeit bewußt auch in Alltagsgesprächen die Augenbewegungsmuster Ihrer Kommunikationspartner und versuchen Sie, einen Zusammenhang zwischen der über die Augenbewegungen erschließbaren Repräsentationsebene und den parallel dazu ablaufenden verbalen Äußerungen Ihres Gegenübers herzustellen.

Übung 24

Fragen Sie in Alltagssituationen Ihre Gesprächspartner gezielt auf der von Ihnen wahrgenommenen Repräsentationsebene: „Wie sieht das Zimmer aus?" „Wie fühlst Du Dich jetzt?" Beurteilen Sie für sich selbst die Reaktion(en) Ihrer Interaktionspartner. Nutzen Sie dazu ggf. wiederum das Ihnen aus Kapitel 2.3 bekannte A-B-C-D-E-Schema. Wenden Sie die beschriebene Fragetechnik anschließend mehr und mehr im Rahmen der von Ihnen geführten Beratungsgespräche an.

Übung 25

Testen Sie, inwieweit die Augenbewegungen das jeweilige Repräsentationssystem widerspiegeln. Nutzen Sie dazu die folgenden Fragen, die auf eine visuelle Repräsentation abzielen, und beobachten Sie, ob Ihr Gesprächspartner im Zuge der Beantwortung der Fragen tatsächlich nach oben schaut (vgl. a. Abb. 16).

* Wieviele Fenster habt Ihr in Eurem Haus/Eurer Wohnung?
* Wie sieht das Auto/das Kleid etc. von X aus?

3.4 Bestätigende Reaktion

In diesem Abschnitt lernen Sie eine dritte Technik kennen, die Sie vorzugsweise in der Einstiegsphase eines Beratungsgesprächs nutzen, aber ebenso in dessen weiterem Verlauf zur Anwendung bringen können. Es handelt sich um den Gebrauch bestätigender Reaktionen im verbalen und nicht-verbalen Bereich.

Sie werden sich erinnern, daß die Anfangssituation einer Beratung in besonderer Weise dafür Sorge tragen muß, dem Ratsuchenden in angemessener Weise Hilfestellung dabei zu geben, seine wahrscheinlich mitgebrachte Zurückhaltung weitgehend abzulegen, ihn zu öffnen und damit fähig zu machen, das Anliegen, das ihn in die Beratung geführt hat, möglichst bald zur Sprache zu bringen. Den Ratsuchenden auf verschiedene Art zu spiegeln und ihm Türöffner anzubieten, die es ihm erleichtern können, seine Probleme zu artikulieren, repräsentieren in diesem Zusammenhang – wie gesehen – ausgesprochen effektive Strategien, deren Wirkung durch die konsequente Verwendung bestätigender Äußerungen auf sprachlichem und nicht-sprachlichem Gebiet nochmals verbessert werden kann.

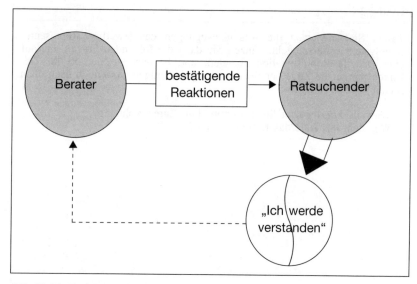

Abb. 17: Die Funktion bestätigender Reaktionen

Bestätigende Reaktionen dienen in diesem Sinne dazu, dem Ratsuchenden während der Interaktion mit dem Berater kontinuierlich deutlich zu machen, daß dieser ihm wirklich zuhört, ihm fortlaufend die notwendige Aufmerksamkeit schenkt, sich zumindest intensiv darum bemüht, ihn wirklich zu verstehen und somit letztlich ganzheitlich, also rational-emotiv, auf ihn einzugehen (vgl. zum Ganzen Abb. 17; s. ferner Gordon, 1981, 61 u. 1980, 54; s.a. Kliebisch 1991a, 42 ff.).

Zu den bestätigenden Reaktionen zählen sowohl **digitale** als auch **analoge Signale** (s.o. Kap. 3.1). Als besonders hilfreich haben sich in diesem Kontext **verbale Winke** erwiesen (Gordon 1981, 61; s.a. ders. 1980, 54 u. 1989, 67), die der Berater während des Gesprächs an geeigneten Stellen in den Kommunikationsprozeß einstreut und die dem Ratsuchenden veranschaulichen, daß der Berater seine Aufgabe ernst nimmt und sich dem zur Diskussion stehenden Problem des Ratsuchenden auch tatsächlich zuwendet. Hierher gehören beispielsweise sprachliche Formeln wie die folgenden:

* *„Oh.“*
* *„Oh, wirklich sehr interessant.“*
* *„Aha.“*
* *„Ah, und ...?“*
* *„Na ja, aber ...?“*
* *„Tatsächlich ...?“*
* *„Hm ...“*
* *„Wirklich ...?“*
* *„Man, toll ...“*
* *„Immerhin.“*
* *„So?“*
* *„Aber ...?“*
* *„Nicht ...?“*
* *„Nun ...“*

* *„So??“*
* *„Man ...“*
* *„Klar, natürlich ...“*
* *„Ich verstehe.“*
* *„Ernsthaft ...?“*
* *„Beachtlich.“*
* *„Gut.“*
* *„Und ...?“*
* *„Das überzeugt mich.“*
* *„Großartig.“*
* *„Das sehe ich ein.“*
* *„Enorm.“*
* *„Sehen Sie ...?“*

Die aufgelisteten verbalen Winke stellen digitale Formen bestätigender Reaktionen dar; wir haben schon davon gesprochen, daß es auch möglich ist, seinem Gesprächspartner auf analoge Weise zu erkennen zu geben, daß man ihm zuhört und Aufmerksamkeit schenkt. Hierher gehören alle **körpersprachlichen Äußerungen** im Bereich von Gestik und Mimik, deren tatsächliche Wirkung nicht zuletzt davon abhängig ist, ob sie vom Ratsuchenden mit der vom Berater digital gegebenen Information in Einklang zu bringen ist oder nicht.

Übung 26

Beobachten Sie sich in der nächsten Zeit sowohl in Alltags- als auch in Beratungsgesprächen etwas genauer, und stellen Sie in diesem Zusammenhang fest, wie Sie im einzelnen verbal bzw. nicht-verbal Ihrem Gegenüber zu verstehen geben, daß Sie auf ihn eingehen und ihm aufmerksam zuhören. Lassen Sie dabei alle Techniken außer acht, die wir Ihnen in den beiden vorangegangenen Abschnitten des Kapitels 3 („Türöffner" und „Rapport") ausführlicher erläutert haben. Erstellen Sie eine Liste der von Ihnen wahrgenommenen Eigen-Reaktionen.

Übung 27

Überlegen Sie – ggf. unter Hinzuziehung des in Kapitel 2.3 beschriebenen A-B-C-D-E-Schemas –, welche Wirkungen die von Ihnen bei der Bearbeitung von Übung 27 beobachteten Reaktionen auf Ihre Gesprächspartner gehabt haben (können).

Übung 28

Vielleicht fallen Ihnen weitere verbale und nicht-verbale Reaktionen ein, die Sie bislang nicht aktiv anwenden, die Sie aber als vertrauenschaffende und -erhaltende Maßnahmen im Kontext kommunikativer Interaktion für sinnvoll und nützlich halten. Notieren Sie diese zusätzlich und berücksichtigen Sie diese zweite Liste bei der weiteren Lektüre dieses Buches.

Inkongruenz zwischen den digitalen und den analogen Signalen der Kommunikation führt beim Empfänger kurzfristig zu erhöhter Irritation, spätestens mittelfristig aber außerdem dazu, daß den körpersprachlichen Äußerungen mehr Wahrheit zugebilligt wird als den digitalen (vgl. Hajek 1984, 33 ff.; Lauster 1988 c; Molcho 1983 u. 1988). Führen Sie zum besseren Verständnis dieses Sachverhalts die in den beiden folgenden Übungen beschriebenen gedanklichen Experimente durch.

Übung 29

Vergleichen Sie die oben abgedruckte Liste verbaler Winke mit Ihren Überlegungen zu den Übungen 26 und 27. Versuchen Sie in Zukunft des Trainings wegen, möglichst viele der Ihnen bislang nicht geläufigen digitalen bestätigenden Reaktionen in Gesprächssituationen einzusetzen. Beobachten Sie dabei wiederum, wie sich Ihre Kommunikationspartner daraufhin verhalten, und analysieren Sie deren Reaktionen ggf. unter Hinzuziehung des in Kapitel 2.3 erläuterten A-B-C-D-E-Schemas.

Übung 30

Stellen Sie sich vor, Sie besuchen die Geburtstagsfeier eines Ihrer Freunde. Dieser öffnet Ihnen die Tür, gibt Ihnen die Hand und äußert eine Reihe netter Begrüßungsworte, während seine Blicke aber ständig auf die anderen Gäste fixiert bleiben. Überlegen Sie, welchen Eindruck das Verhalten Ihres Freundes und die gesamte Situation auf sie machen. Was ist für Sie bei der Beurteilung in diesem Zusammenhang wichtiger: die verbale Begrüßung Ihres Freundes oder sein nicht Ihnen geltender Blickkontakt? Warum? Analysieren Sie den Sachverhalt ggf. mit Hilfe des A-B-C-D-E-Schemas.

Übung 31

Stellen Sie sich die in Übung 30 beschriebene Situation zu Beginn eines von Ihnen zu führenden Beratungsgesprächs vor: Der Klient wird vom Therapeuten mit Handschlag und einigen freundlichen Worten begrüßt, während der Berater fortwährend seine Blicke nach seiner Sekretärin oder einem Aktenordner schweifen läßt. Beurteilen Sie auch hier nochmals die Wirkung, die das Verhalten des Therapeuten – kurz- und mittelfristig – auf den Ratsuchenden haben würde. Ziehen Sie ggf. zur weiteren Klärung des Zusammenhangs nochmals das Ihnen in Kapitel 2.3 vorgestellte A-B-C-D-E-Modell heran, das die Art und Weise beschreibt, in der Menschen Informationen intern verarbeiten.

Bei der Bearbeitung der Übungen 30 und 31 werden Sie aller Wahrscheinlichkeit nach auch selbst festgestellt haben, daß aufgrund der skizzierten Diskrepanz zwischen analoger und digitaler Kommunikation in den beschriebenen Situationen stets – zumindest nach einiger Zeit – die körpersprachliche Information die Oberhand gewinnen wird. Der Besucher wird sich also ähnlich wie der Ratsuchende nicht ernst, ja vielleicht nicht einmal richtig wahrgenommen fühlen, wird den Eindruck gewinnen, daß sein Gegenüber mit den Gedanken nicht bei der Sache, d.h. bei ihm als Person, ist, und sich von daher emotional zumindest distanzieren und vielleicht sogar gänzlich abwenden; dies alles geschieht, obwohl – genauer: gerade weil – der Berater bzw. Freund gleichzeitig digitale Informationen anbietet, die den analogen faktisch widersprechen (vgl. Abb. 18, S. 93).

Wenn Sie also als Berater bestätigende Reaktionen auf der analogen Ebene der Kommunikation äußern, dann achten Sie stets darauf, daß es nicht zu einem inneren Widerspruch zwischen den von Ihnen vermittelten analogen Zeichen einerseits und den digitalen Informationen andererseits kommt. Erst die Einheit von digitalem und analogem Verhalten beim Ratgeber ermöglicht es dem Ratsuchenden, sich – im Sinne des Ziels der Eingangsphase der Beratung – zu öffnen und seine Schwierigkeiten möglichst bald ins Gespräch zu bringen.

Zu den bestätigenden Reaktionen im nicht-verbalen Bereich zählen u.a. die folgenden körpersprachlichen Aussagen (vgl. zum Folgenden u.a. Molcho 1983 u. 1988 u. 1990; Fast 1984; Lauster 1989c; Hajek 1984, 33 ff.; Watzlawick/Beavin/Jackson 1990, 61 ff.):

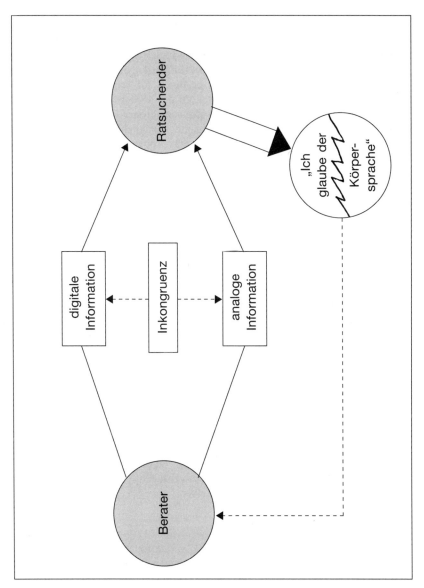

Abb. 18: Inkongruenz analoger und digitaler Zeichen

○ *Sitzposition über Eck*

Wenn Sie eine Sitzposition wählen, die Sie in eine Frontalstellung zum Ratsuchenden bringt – unter Umständen zusätzlich mit einem Tisch zwischen den Interaktionspartnern – (vgl. Abb. 19a), drängen Sie ihr Gegenüber vorstellungsmäßig in die Ecke, weil er Ihnen aus seiner Sicht nicht ausweichen kann, ohne direkt auf Sie oder auf das Möbelstück zuzulaufen. Die Über-Eck-Position (vgl. Abb. 19b) vermeidet diesen Fehler und läßt beiden (!) Gesprächspartnern die – visualisierte – Möglichkeit, sich im Falle der Bedrohung gefahrlos abzuwenden und sogar problemlos, d.h. ohne den potentiellen Widerstand des Gegenübers, aufzustehen.

○ *Distanz*

Achten Sie darauf, daß Sie sich körperlich dem Ratsuchenden gerade in der Einstiegsphase des Beratungsgesprächs nicht allzu sehr nähern. Das Maß an körperlicher Nähe, das jemand zuläßt, repräsentiert das Maß an Vertrauen und Vertrautheit, das sich zwischen den Interaktionspartnern bereits aufgebaut hat. Die öffentliche Distanz, wie sie zweifellos auch während der ersten Begegnung von Berater und Ratsuchendem angebracht ist, mißt etwa die doppelte Armlänge eines Menschen und ergibt sich daher beim üblichen Händedruck zur Begrüßung gleichsam wie von selbst.

Sorgen Sie dann im weiteren Verlauf des Gesprächskontakts unbedingt dafür, daß auch das bewegliche (!) Sitzmobiliar eine solche Entfernung zwischen Ihnen und dem Klienten zuläßt, um zu vermeiden, daß durch eine zu geringe Distanz ein Gefühl von Enge und Bedrohung beim Ratsuchenden aufkommt.

Zu einem späteren Zeitpunkt, nach einer Reihe von Sitzungen, können und sollten Sie dann ohne weiteres dazu übergehen, die öffentliche Distanz zu unterschreiten, um auf diesem Wege dem bis zu diesem Zeitpunkt zwischen Ihnen und dem Klienten entstandenen Vertrauen auch in angemessener nicht-verbaler Form Ausdruck zu verleihen.

○ *Blickkontakt*

Versuchen Sie von Anfang an, Blickkontakt zum Ratsuchenden herzustellen. Beachten Sie dabei allerdings, daß ein als angenehm und nicht aufdringlich empfundenes In-die-Augen-Schauen stets nur von kurzer Dauer sein darf, also im allgemeinen nicht länger als ein bis zwei Sekunden währt, bevor wir

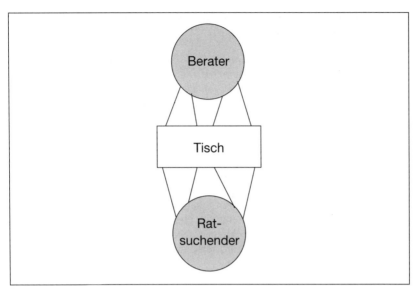

Abb. 19a: Frontalsitzposition

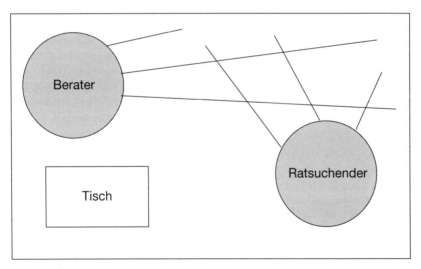

Abb. 19b: Über-Eck-Position

– instinktiv – wegschauen, um uns anschließend unserem Gesprächspartner mit den Blicken erneut zuzuwenden.

Diese wohl angeborene Reaktion hat ihren Sinn vermutlich in dem Interesse, das durch längeres Angeschaut-werden intuitiv aufkommende Gefühl eines Durchschaut-werdens, was naturgemäß als ausgesprochen unangenehm empfunden wird oder zumindest so wahrgenommen werden kann, möglichst konsequent zu vermeiden.

Würden Sie also als Berater den Blickkontakt in Richtung des Ratsuchenden gerade in der Einstiegsphase der Kommunikation hinsichtlich seiner Dauer zu intensivieren suchen, hätte dies zur Folge, daß die Unsicherheit Ihres Gegenübers in unzumutbarer Weise verstärkt würde und damit die Gefahr entstünde, daß es erst gar nicht zu einem echten Problemgespräch kommt. Der Ratsuchende würde sich intuitiv überfordert fühlen, sich vermutlich augenblicklich innerlich verschließen (Streß!) und – in Extremfällen – möglicherweise die Beratung gänzlich abbrechen.

○ *Kopfnicken*

Eine weitere Möglichkeit, seinem Gesprächspartner auf nicht-verbale Weise recht klar zu bestätigen, daß man ihm aufmerksam zuhört, besteht darin, an geeigneten Stellen der kommunikativen Interaktion mit dem Kopf zu nicken. Diese Geste vermittelt dem Ratsuchenden den berechtigten Eindruck, daß ihn der Berater nicht nur in inhaltlicher Hinsicht verstanden hat, sondern weckt in ihm zudem das Gefühl, in seinen Äußerungen akzeptiert zu werden. Beides – Verständnis und Akzeptanzerfahrung – zusammengenommen motivieren den Klienten in der Regel dazu, weiterzusprechen; dies versetzt den Therapeuten wiederum in die Lage, mehr von den Umständen in Erfahrung zu bringen, die dann später für eine effektive Hilfe erforderlich sind und genutzt werden können.

Der Berater sollte sich in diesem Zusammenhang stets vor Augen halten, daß die dem Ratsuchenden entgegengebrachte Akzeptanz nicht gleichbedeutend damit ist, ihm hinsichtlich seiner Denkstrategien und Analysen in bezug auf den zur Rede stehenden Sachverhalt bedingungslos zuzustimmen. Akzeptanz meint hier nicht mehr als das durchaus zulässige und zugleich vielversprechende Bemühen des Beraters, die Vorstellungsperspektive des Ratsuchenden als aus dessen Sicht schlüssig anzuerkennen, ohne dabei unmittelbar zu einer Wertung dieser Wirklichkeit vor dem Hintergrund der eigenen Weltsicht zu gelangen. So betrachtet bleibt dem Berater zu einem späteren Zeitpunkt des Gesprächs immer

Übung 32

Wenden Sie in Zukunft der Übung halber in möglichst vielen Ihrer Gespräche neben Türöffnern und den Strategien des Pacens auch bestätigende Reaktionen an. Beobachten Sie wiederum genau, wie sich Ihre Kommunikationspartner daraufhin verhalten. Analysieren Sie die einzelnen Situationen ggf. erneut unter Hinzuziehung des Ihnen aus Kapitel 2.3 bekannten A-B-C-D-E-Schemas.

Übung 33

Bei der Durchführung von Übung 32 werden Sie vermutlich bemerken, daß es nicht immer leicht, ja vor allem bei mangelndem Training sogar in manchen Fällen besonders schwierig ist, die in den Abschnitten 3.2 bis 3.4 dargestellten Techniken möglichst gleichzeitig einzusetzen. Erinnern Sie sich aber daran, daß gerade die Nutzung nicht-verbaler Signale wie das Kopfnicken oder ein vernünftiger Blickkontakt erst durch den zusätzlichen Einsatz verbaler Winke und sämtlicher anderer Strategien, die in den vorangegangenen Kapiteln beschrieben worden sind, besonders sinnvoll wird. Also: Versuchen Sie in der Eingangsphase einer Beratung mehr und mehr, alle Methoden in Ihr Verhaltensrepertoire aufzunehmen. Lassen Sie sich beim Üben Zeit, und haben Sie mit sich Geduld.

noch unbenommen, den Ausführungen des Ratsuchenden inhaltlich zu widersprechen und damit im Rahmen des Beratungsprozesses im Blick auf die zu verhandelnden Probleme andere Schwerpunkte zu setzen, als dies der Klient im Einzelfall selbst tut.

Die im Rahmen von Übung 33 erwähnte Schwierigkeit des gleichzeitigen Einsatzes von Türöffnern, Pacing-Strategien und bestätigenden Reaktionen läßt sich nach aller Erfahrung nicht von heute auf morgen beseitigen. Sie werden aber feststellen, daß Sie bei angemessener Übung nach und nach immer mehr die erwähnten Methoden unbewußt verwenden werden, weil Sie internalisiert worden sind. Diesen Zustand sollten Sie zur Vermeidung einer Überforderung unbedingt abwarten, bevor Sie sich daran machen, sich mit jenen Gesprächstechniken näher zu beschäftigen, die den Gegenstand der nächsten drei Abschnitte dieses Kapitels darstellen: das passive und das aktive Zuhören sowie die Beratung im engeren Sinne. Also machen Sie ernst mit dem folgenden Vorsatz:

Erst üben, dann weiterlesen!

3.5 Passives Zuhören

Die Verwendung von Türöffnern und bestätigenden Reaktionen sowie die Technik des Spiegelns sind Strategien, die vorzugsweise in der Einstiegsphase eines Beratungsgesprächs zum Einsatz kommen, aber auch im weiteren Verlauf des Kommunikationsprozesses ihren zweifellos berechtigten Platz haben können. Alle Methoden verfolgen das Ziel, dem Ratsuchenden dabei zu helfen, sich in der für ihn noch ungewohnten und vor allem unsicheren Anfangssituation möglichst rasch zurechtzufinden und ihn emotional dahingehend zu öffnen, sein eigentliches Anliegen vorzutragen. Dies wiederum ist für den Therapeuten als notwendige Voraussetzung dafür anzusehen, überhaupt mit der eigentlichen Beratung beginnen zu können.

Hat der Berater erst einmal das Vertrauen des Klienten gewonnen, so daß dieser über seine Schwierigkeiten zu erzählen beginnt, dann muß er auch kontinuierlich dafür Sorge tragen, daß die damit definierte positive Beziehungssituation im weiteren Verlauf der Beratung aufrechterhalten bleibt und womöglich qualitativ noch verbessert wird. In diesem Sinne dienen die in diesem und den beiden folgenden Abschnitten zu behandelnden Gesprächstechniken zum einen ebenfalls einer Intensivierung der bereits durch die Einstiegsphase aufgebauten Vertrautheit zwischen den beteiligten Personen, zum anderen geht es aber nunmehr auch darum, sich mit Hilfe der vorzustellenden Strategien noch gezielter, als dies bis hierher möglich ist, an die Probleme des Ratsuchenden heranzutasten, diese präzise zu definieren und schließlich auf diese Weise zu effektiven Lösungsansätzen für die erkannten Schwierigkeiten zu gelangen.

Das Formulieren von Lösungen in dem hier gemeinten Sinne setzt freilich einen Kommunikationsprozeß voraus, in dessen Verlauf sich der Ratsuchende mehr und mehr als gleichberechtigter Partner und nicht als zu verhandelnder „Fall" erlebt, als Partner, der letztlich selbst einen entscheidenden Anteil am Zustandekommen jener Perspektiven hat, die ihm helfen sollen, mit seinen Problemen in Zukunft besser fertig zu werden. Um die angedeutete Erfahrung allerdings im Rahmen der Beratungssituation überhaupt machen zu können, bedarf es der Fähigkeit des Beraters, dem Klienten – wenn möglich von Anfang an – den berechtigten Eindruck zu vermitteln, daß er tatsächlich Mittelpunkt des gemeinsamen Interesses und der gemeinsamen Bemühungen ist. Hierzu muß es aber zunächst gelingen, ein Grundübel unserer oftmals allzu kurzlebigen, allzu hektischen Zeit im Verlaufe der Beratung zu überwinden: Man spricht miteinander, hat sich aber eigentlich nichts zu sagen; man redet in Wahrheit aneinander vorbei, weil es für die Gesprächspartner oft wichtiger ist, die eigene

Position darzustellen, als tatsächlich auf das zu hören, was der andere zu sagen hat. Wirkliches Verstehen bleibt dabei oftmals auf der Strecke, und das Gefühl, angenommen, akzeptiert zu sein, kann dabei kaum noch entstehen (s.a. Fromm 1980, 125 ff.).

Gerade für den Beratungsprozeß aber ist es von ausschlaggebender Bedeutung, daß sich der Hilfesuchende vom Berater tatsächlich als Person angenommen weiß. Denn: „Wenn ein Mensch fühlt, daß er von einem anderen wirklich akzeptiert wird, dann ist er frei, sich auf den Weg zu machen und kann anfangen, darüber nachzudenken, wie er sich ändern will, wie er wachsen will, wie er anders werden kann, wie er mehr von dem werden könnte, was er zu sein fähig ist. (...) Eine derartige Annahme ist eines der wichtigsten Elemente für die Entwicklung. Umgekehrt wissen wir auch, daß Nicht-Annahme Menschen verschließt, in ihnen Abwehr hervorruft, Unbehagen und Angst auslöst, sie hindert zu sprechen oder einen Blick auf sich selbst zu werfen. (...) Einen anderen anzunehmen, ‚wie er ist‘, ist ein echter Akt der Liebe: sich angenommen zu fühlen heißt, sich geliebt zu fühlen" (Gordon 1981, 58 f.).

Ohne Zweifel stellt es einen sehr weitreichenden Anspruch an wohl jeden Menschen dar, nicht zuletzt damit an den Berater, fähig zu werden, sein Gegenüber so anzunehmen, ja so zu lieben, wie er/sie ist. Diese Forderung impliziert ein ausgesprochen hohes Maß an vorausgegangener Selbstwahrnehmung, Selbsterkenntnis, Selbstannahme und vor allem Selbstliebe, ein Maß, das keineswegs als selbstverständlich vorhanden unterstellt werden kann und darf.

Eine solche intensive Beschäftigung mit sich selbst setzt freilich in der Regel einen sehr langen und bisweilen recht beschwerlichen Prozeß der Selbsterfahrung und Selbstverwirklichung voraus. Aus dieser Sicht ist es besonders schwierig, das Postulat, seinen Nächsten, also im konkreten Fall den Ratsuchenden, so zu mögen wie sich selbst und ihn dabei auch noch im Grundsatz so zu lassen, wie er ist, tatsächlich in die konkrete Praxis der Beratung umzusetzen. Denn dies macht zuallererst mitunter erhebliche Veränderungen beim Berater selbst erforderlich, damit dieser dann von innen heraus frei wird, sich dem Klienten in der ihm gebührenden Offenheit und Selbst-Sicherheit zuzuwenden.

Übung 34

Überprüfen Sie, inwieweit Sie sich als Berater selbst anzunehmen vermögen. Stellen Sie sich die Frage, ob Sie sich selbst mögen? Welche Antwort fällt Ihnen dazu ein? Was müßten Sie unter Umständen an sich selbst ändern, bevor Sie sich zu lieben in der Lage wären? Sehen Sie reale Möglichkeiten, diese evtl. erforderlichen Korrekturen praktisch umzusetzen? Was oder wer hindert Sie daran, die aus Ihrer Sicht notwendigen Veränderungen vorzunehmen? Erscheinen Ihnen die Hinderungsgründe bei genauerem Zusehen plausibel?

Übung 35

Machen Sie sich die Mühe einer rationalen Selbstanalyse. Überlegen Sie, welche Eigenschaften, Fähigkeiten und Verhaltensweisen Sie an sich besonders mögen. Begründen Sie Ihre Einschätzung. Stellen Sie dann fest, was Ihnen an Ihrer eigenen Person nicht gefällt. Begründen Sie auch hier Ihr Urteil. Notieren Sie die Ergebnisse Ihrer Untersuchung, und greifen Sie ggf. zu späterer Zeit, vielleicht gerade in Krisensituationen, darauf zurück.

Unter Berücksichtigung der genannten Schwierigkeiten bleibt aber schon aufgrund alltäglicher Erfahrung dennoch festzuhalten, daß die positiv-wertschätzende Einstellung des Beraters dem Klienten gegenüber die Voraussetzung darstellt, die Veränderungsarbeit in den Bereich des Möglichen rückt (vgl. hierzu und zum Folgenden Abb. 20).

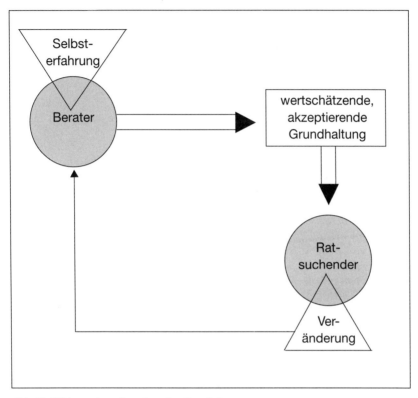

Abb. 20: Wirkung einer akzeptierenden Grundhaltung

Übung 36

Überlegen Sie, welchen Stellenwert Sie ganz persönlich im Zusammenhang mit Ihrer Beratungstätigkeit dem Wort „Wertschätzung" zumessen und was Sie mit diesem Wort verbinden. Fragen Sie sich, ob Sie noch mehr von dem, was für Sie Liebe bedeutet und wie Sie Liebe definieren, für Ihre Beratungsarbeit nutzen wollen. Was hindert Sie daran, dies zu tun? Sehen Sie Möglichkeiten, mit diesen Hindernissen fertig zu werden? Analysieren Sie Ihre eigene Situation ggf. unter Hinzuziehung des Ihnen inzwischen vertrauten A-B-C-D-E-Schemas aus Kapitel 2.3.

Für den Gesprächspsychotherapeuten Gordon repräsentiert die so in den Blick genommene, Veränderung schaffende Liebe „wahrscheinlich die wirkungsvollste therapeutische Kraft zur Heilung psychischer und physischer Schäden, die wir kennen" (1981, 51). Und Gordons Lehrer Rogers macht klar, in welcher existentiellen Weise der Klient durch eine Beziehung zum Berater betroffen wird, wenn dieser ihn über einen entsprechend vertrauensvollen Um- und Zugang dazu befähigt, seine mitunter verborgenen Ressourcen zu entdecken und mit ihrer Hilfe eine Umstrukturierung, Um- und Neubewertung seiner individuellen Wirklichkeit zuzulassen.

„Der Mensch kommt dazu, sich anders zu sehen.
Er akzeptiert in stärkerem Maße sich und seine Gefühle.
Er wird selbstbewußter und selbstbestimmter.
Er wird mehr der Mensch, der er sein möchte.
Er wird in seinen Wahrnehmungen flexibler, weniger rigide.
Er setzt sich realistischere Ziele.
Sein Verhalten ist reifer.
Er ändert unangepaßte Verhaltensweisen, auch solche fest etablierten Verhaltensweisen, wie chronischen Alkoholismus.
Er wird gegenüber anderen akzeptierungsbereiter.
Er wird offener für die Bedeutung dessen, was sich außerhalb wie innerhalb seiner selbst abspielt.
Er verändert sich auf konstruktive Art und Weise in seinen grundlegenden Persönlichkeitseigenschaften." (Rogers 1979a, 274)

Sie erinnern sich: Wir waren davon ausgegangen, daß der Ratsuchende erst dann in die Lage versetzt wird, in Zusammenarbeit mit dem Berater jene Veränderungen an sich zu vollziehen, von denen Rogers in der oben zitierten Passage spricht, wenn die heute weitgehend übliche Oberflächlichkeit zwischenmenschlicher Kontakte zugunsten einer intensiven rational-emotiven Beziehung zwischen Berater und Ratsuchendem ersetzt wird. Die Möglichkeit dazu besteht auch durch den konsequenten Einsatz der Technik des passiven Zuhörens (oder Schweigens). Wenn man zu einem Berater über seine Probleme spricht, der durch sein Schweigen zu erkennen gibt, daß er bereit ist, wirklich zuzuhören und auf diese Weise Anteil zu nehmen an den vorgetragenen Gedanken und Gefühlen und den damit verbundenen Sorgen, die der Ratsuchende mit sich herumträgt, dann wird dieser in aller Regel nachhaltig ermutigt, weiterzureden und seine Schwierigkeiten offenzulegen (vgl. a. Gordon 1989, 66 f.).

Übung 37

Testen Sie in der nächsten Zeit sowohl in Beratungs- als auch in Alltagsgesprächen Ihre Zuhörfähigkeit. Schreiben Sie ggf. Ihre Erfahrungen auf. Beantworten Sie auf dem Hintergrund Ihrer in diesem Zusammenhang gemachten Beobachtungen für sich selbst die folgenden Fragen. Nutzen Sie dazu die jeweils angebotene Skala; die Ziffern haben folgende Bedeutungen:

„+ 5" = stimmt genau   „0" = stimmt teils/teils   „– 5" = stimmt gar nicht.

Nachdem Sie die unten abgedruckten Aufgaben a bis g bearbeitet haben, wenden Sie sich der am Ende der Übung stehenden Testauswertung zu.

Test

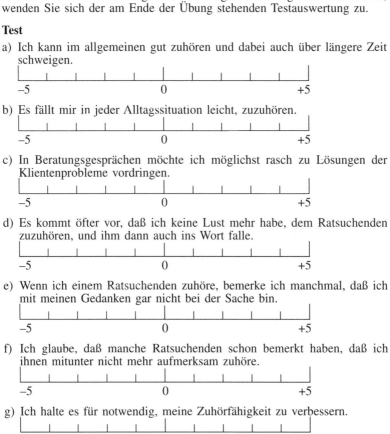

a) Ich kann im allgemeinen gut zuhören und dabei auch über längere Zeit schweigen.

    –5   0   +5

b) Es fällt mir in jeder Alltagssituation leicht, zuzuhören.

    –5   0   +5

c) In Beratungsgesprächen möchte ich möglichst rasch zu Lösungen der Klientenprobleme vordringen.

    –5   0   +5

d) Es kommt öfter vor, daß ich keine Lust mehr habe, dem Ratsuchenden zuzuhören, und ihm dann auch ins Wort falle.

    –5   0   +5

e) Wenn ich einem Ratsuchenden zuhöre, bemerke ich manchmal, daß ich mit meinen Gedanken gar nicht bei der Sache bin.

    –5   0   +5

f) Ich glaube, daß manche Ratsuchenden schon bemerkt haben, daß ich ihnen mitunter nicht mehr aufmerksam zuhöre.

    –5   0   +5

g) Ich halte es für notwendig, meine Zuhörfähigkeit zu verbessern.

    –5   0   +5

Testauswertung

Addieren bzw. subtrahieren Sie die Zahlen, die Sie bei der Beantwortung der Punkte a bis g angekreuzt haben. Wenn das Testergebnis, also die Summe der Zahlen, größer als „– 2" und kleiner als „+ 2" ist, brauchen Sie an Ihrer Zuhörfähigkeit nichts zu verbessern. Sie ist gut ausgeprägt.

In allen anderen Fällen sollten Sie genauer überprüfen, wodurch die höheren bzw. niedrigeren Werte im einzelnen zustandegekommen sind: Überschätzen Sie beispielsweise Ihre Zuhörfähigkeit? Wie kommt es dazu? Welche Erfahrungen veranlassen Sie zu dieser Beurteilung? Oder überbewerten Sie möglicherweise die Fähigkeiten Ihrer Klienten, Ihre Unzulänglichkeit zu entdecken? Wie erklären Sie sich diesen Effekt? usw.

Wenn Sie sich nicht sicher sind, in welchem Maße Sie sich bei der Beantwortung der Testfragen von Wunschvorstellungen haben leiten lassen, bitten Sie einen Kollegen, in der einen oder anderen der von Ihnen durchgeführten Beratungssitzung zu hospitieren. Führen Sie anschließend ein Gespräch mit dem Kollegen, und lassen Sie sich seinen Eindruck von Ihrer Beratungskompetenz mitteilen.

Überdenken Sie daraufhin nochmals die Antworten, die Sie auf die Testfragen gegeben haben, und überlegen Sie, welche Veränderungen Sie an Ihrer Einstellung oder Ihrem Verhalten vornehmen müßten, um Ihren eigenen Erwartungen mehr als bisher zu entsprechen. Weshalb haben Sie diese Korrekturen nicht schon früher durchgeführt? Wer oder was hindert Sie daran? Glauben Sie, in Zukunft mit diesen Behinderungen (besser als bisher) fertig zu werden? Was veranlaßt Sie zu dieser optimistischen Annahme? usw.

Übung 38

Wiederholen Sie die Übung 37 in gewissen Zeitabständen, und stellen Sie fest, ob sich die Testergebnisse den Idealwerten nähern. Wenn dies nicht der Fall ist, sollten Sie erneut überprüfen, woran dies liegt. Verfahren Sie dann entsprechend den in Übung 37 unter „Testauswertung" gegebenen Hinweisen.

Wenn Sie soweit sind, daß Ihre passive Zuhörfähigkeit ein Maß erreicht hat, das Sie für sich selbst akzeptieren können, machen Sie sich bewußt, daß die Technik des konstruktiven Schweigens, wird sie isoliert eingesetzt, freilich auch problematische Wirkungen haben kann. Schweigen stellt eine analoge Information dar, die ohne Frage der Interpretation bedarf. Da diese Interpretation aber keineswegs eindeutig festgelegt ist – schließlich kann Schweigen auch Desinteresse und Langeweile signalisieren –, empfiehlt es sich für den selbst-bewußten Berater, passives Zuhören niemals als einzige Strategie zu verwenden, sondern in der konkreten Beratungssituation stets durch die anderen in diesem Kapitel bereits behandelten Methoden („Türöffner"; „Pacen"; „bestätigende Reaktionen") zu ergänzen. Nur auf diese Weise kann dem Ratsuchenden nachdrücklich und zugleich überzeugend und irritationslos das berechtigte Gefühl vermittelt werden, daß er seine Sorgen offen vortragen und auf echte, personenbezogene Hilfe hoffen und vertrauen kann (vgl. a. Abb. 21).

Übung 39

Bemühen Sie sich darum, in jedem Beratungsgespräch möglichst viele Techniken einzusetzen. Wenn Sie sie noch nicht alle (gleich gut) beherrschen, gehen Sie nach einem einfachen 4-Punkte-Programm vor:

1. Üben Sie eine Zeitlang nur Türöffner.

2. Benutzen Sie dann zusätzlich die eine oder andere Strategie des Pacens.

3. Verwenden Sie danach auch bestätigende Reaktionen.

4. Setzen Sie schließlich ergänzend das passive Zuhören ein.

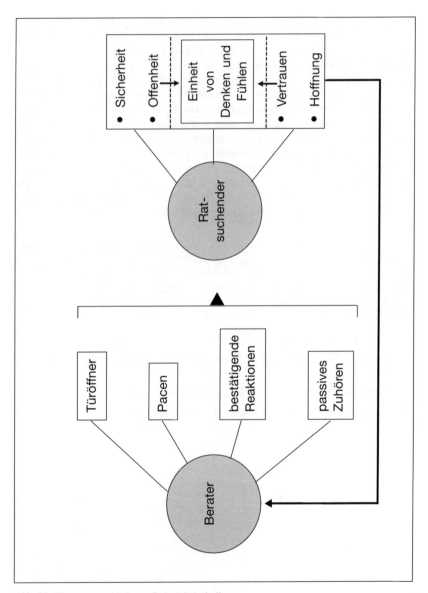

Abb. 21: Einsatz verschiedener Gesprächstechniken

3.6 Aktives Zuhören

Alle bisher näher beschriebenen Gesprächstechniken – Türöffner, die verschiedenen Formen des Spiegelns, bestätigende Reaktionen und passives Zuhören – sind durchaus geeignet, Beratungsprozesse mit zu initiieren und weitgehend in Gang zu halten oder unter schwierigen Umständen wieder in Gang zu bringen, wenn sie ins Stocken geraten sind. Allerdings gewährleistet die Anwendung der erwähnten Methoden noch keineswegs, daß Sprecher und Hörer, Berater und Ratsuchender, sich im Blick auf das im einzelnen rational-emotiv im Zuge der kommunikativen Interaktion zum Ausdruck Gebrachte auch tatsächlich verstehen (vgl. Gordon 1989, 67).

Um wirkliches Verstehen im Rahmen der zweiten Phase des Beratungsprozesses zu ermöglichen, in der es darum geht, das Problem des Ratsuchenden genauer zu definieren und nach umsetzbaren Lösungen zu suchen, müssen Therapeut und Klient miteinander noch deutlicher und intensiver in eine kommunikative Interaktion eintreten. Zu diesem Zweck wird der Berater aktives (= reflektierendes) Zuhören praktizieren (vgl. Gordon 1980, 56 ff., ders. 1981, 66 ff.; ders. 1989, 67 ff.; ders. 1993; s.a. Scheerer 1982, 52 ff. u. Richardson 1992, 65 ff.). Dadurch soll erreicht werden, „Mißverständnisse in Gesprächen mit anderen weitgehend auszuschalten und/oder dem Partner die Möglichkeit zu geben, sich beim Sprechen über Gedankengänge klar zu werden" (Uttendorfer-Marek 1981b, 389).

Aktives Zuhören betrifft sowohl die Inhalts- als auch die Gefühlsebene der Kommunikation, hat also damit sowohl die Sachaussagen des Sprechers als auch dessen emotionale Gestimmtheit zum Gegenstand. Dabei geht man davon aus, daß Menschen allgemein dazu neigen, das, was sie eigentlich meinen, nicht immer unmittelbar und direkt zum Ausdruck zu bringen, sondern zunächst lediglich in verschlüsselter, codierter Form vortragen. Dies um so mehr, wenn sie sich, wie es aus der Sicht des Klienten auch in der Beratungssituation der Fall ist, (zunächst) unsicher fühlen und noch nicht genau zu entscheiden vermögen, wie sich die Beziehung zum jeweiligen Gegenüber weiterentwickeln wird.

Vor diesem Hintergrund stellt es für den Berater eine echte und mitunter recht schwierige Aufgabe dar, die vom Ratsuchenden digital verschlüsselte Information zu decodieren, um auf diesem Wege zu erkennen, was der Hilfesuchende zu dem Zeitpunkt in Wahrheit meint und vor allem in welcher aktuellen Gefühlswirklichkeit sich sein Interaktionspartner während des Gesprächs befindet.

Der damit angedeutete Entschlüsselungsvorgang vollzieht sich – in Analogie zu dem an früherer Stelle entfalteten A-B-C-D-E-Schema (s.o. Kap. 1.3) – als interner Verarbeitungsprozeß auf rationaler, physiologischer und emotionaler Ebene.

Der Berater wird zunächst auf die digital-analog codierte Botschaft des Klienten innerpsychisch und physisch mit Gedanken, Gefühlen und körperlichen Prozessen reagieren. Für das Verständnis, das der Berater dabei von seinem Gegenüber gewinnt, ist von Bedeutung, welche analogen Signale im Bereich von Mimik und Gestik der Ratsuchende parallel zu seinen verbalen Äußerungen aussendet und in welchem Maße sich diese im Einzelfall mit den digitalen in Kongruenz befinden (s. Gordon 1981, 66 ff.). Im Anschluß an den skizzierten internen Verarbeitungsprozeß wird der Berater das Ergebnis seiner Decodierungsbemühungen, also mit anderen Worten das, was der Berater von dem verstanden hat bzw. glaubt von dem verstanden zu haben, was der Hilfesuchende meint und empfindet, mit eigenen Worten und ohne jede Wertung in der Art einer Paraphrase zurückmelden (vgl. Abb. 22).

Einer, wenn nicht der Hauptvertreter der Humanistischen Psychologie, Carl R. Rogers, hat bereits 1952 in einem Aufsatz in der Havard Business Review darauf aufmerksam gemacht, daß ein wesentliches Hindernis bei Prozessen kommunikativer Interaktion gerade darin zu sehen ist, daß Menschen sehr rasch dazu neigen, die Vorstellungen und Gedanken anderer zu interpretieren, zu bewerten und zu be- oder verurteilen. Durch diese Tendenz kommt es nicht nur oft zu beachtlichen und zugleich unerfreulichen Mißverständnissen, sondern auch dazu, daß sich die Interaktionspartner infolge der aufgetretenen Irritationen zu streiten beginnen, ein Umstand, der letztlich einen beziehungszerstörenden Charakter annehmen kann.

Aktives Zuhören kann einer solchen Entwicklung wirksam gegensteuern. Rogers schlägt vor, auf Bewertungen weitestgehend zu verzichten, wenn uns tatsächlich daran gelegen ist, unseren Gesprächspartner in seinen Gedanken und in seiner augenblicklichen Befindlichkeit verstehen zu wollen. „Was bedeutet das? Es bedeutet, den ausgedrückten Gedanken und die Haltung der anderen Person aus ihrem Blickwinkel zu sehen, zu spüren, wie sie sich fühlt, ihr Bezugssystem in bezug auf die Sache, über die sie spricht, aufzuspüren. (…) Wir wissen aus unserer Forschung, daß ein solch emphatisches Verstehen – Verständnis **für** eine Person, nicht **über** sie – eine sehr erfolgreiche Möglichkeit ist, daß größere Veränderungen der Persönlichkeit erreicht werden können" (Rogers 1952, 25, zit. n. Richardson 1992, 65).

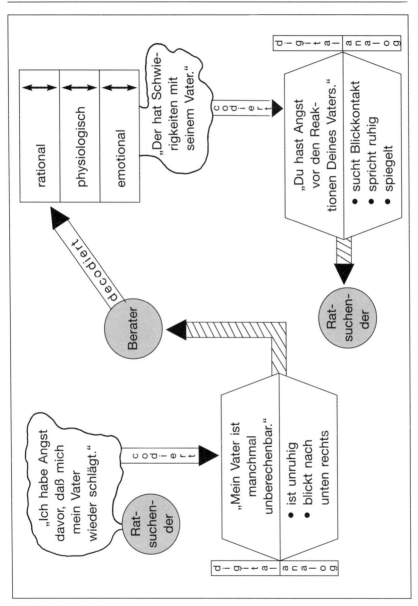

Abb. 22 Aktives Zuhören

Wenn sich der Berater so verhält, wie es Rogers beschreibt, wird sich der Ratsuchende emotional angenommen und verstanden fühlen, zumal der Klient bei diesem Vorgehen jederzeit die Möglichkeit hat, etwaige Mißverständnisse und Fehleinschätzungen auf seiten des Beraters unmittelbar zu korrigieren. Man darf davon ausgehen, daß das durch aktives Zuhören geschaffene Gesprächsklima im Rahmen der Beratung dazu beiträgt, die Präzisierung der eigentlichen Problemstellung voranzutreiben und Lösungsperspektiven aufzuzeigen, wodurch die Hilfesuchenden womöglich rascher als auf andere Weise in die Lage versetzt werden, „zu den Bedürfnissen höherer Ebene aufzusteigen. Dabei entdecken sie neue Wege zur Selbstverwirklichung und Entfaltung ihrer Persönlichkeit" (Gordon 1989, 70; s.a. Maslow 1981, 62 ff. u. Tausch/Tausch 1989, 118 ff.).

Lassen Sie uns nunmehr an einigen Beispielen aus der alltäglichen schulischen Beratungspraxis die Technik des aktiven Zuhörens etwas genauer veranschaulichen; zu diesem Zweck werden wir Aussagen verschiedener ratsuchender Personen (R) einerseits auf der inhaltlichen (I), andererseits auf der Gefühlsebene (G) zurückmelden (Übung 40).

Wenn Sie sich die vorab aufgelisteten Beispiele für aktives Zuhören noch einmal anschauen, wird Ihnen leicht folgendes auffallen:

Auch wenn man sich darum bemüht, zunächst nur auf der Inhaltsebene zuzuhören, so gelingt dies doch meistens nicht. Inhalts- und Gefühlsebene stehen miteinander in Wechselbeziehung; dies führt dazu, daß es im Regelfall Sinn macht, die Rückmeldung sowohl auf den inhaltlichen als auch auf den Gefühlsbereich zu beziehen.

Aktives Zuhören, das sich allein auf die Sachebene der Aussagen des Ratsuchenden konzentriert, wird mitunter zur bloßen Paraphrase. Wenngleich man die Nützlichkeit von Paraphrasen nicht grundsätzlich bezweifeln kann (vgl. Bachmair u.a. 1989, 33 f.), weil sie einem einerseits immerhin ein Verständnis des Gemeinten vermitteln können, so decken sie andererseits aber oftmals die vom Ratsuchenden gewählten Decodierungen nur unvollkommen auf.

Man darf davon ausgehen, daß ein Ratsuchender viel eher bereit und auch in der Lage ist, Informationen auf der Inhaltsebene zu formulieren als sich dem Berater auch emotional zu öffnen. Deshalb ist es so wichtig, daß der Berater gerade auf die hinter den Botschaften des Hilfesuchenden sich verbergende Tiefenstruktur der Aussagen stößt.

Übung 40

Sie können bereits bei der Lektüre der folgenden Beispiele für aktives Zuhören die Technik selbst einüben. Lesen Sie dazu zunächst die jeweilige Klientenäußerung (R), und überlegen Sie dann, bevor Sie weiterlesen, wie der Berater im Einzelfall sprachlich reagieren müßte, wenn er die Methode des aktiven Zuhörens angemessen nutzt. Schreiben Sie sich die Formulierungen auf, und vergleichen Sie sie anschließend mit den hier vorgegebenen.

* R: *Ich hab' schon so viel unternommen, um da endlich 'rauszukommen. Alles vergeblich. Ich werde mit diesem Problem einfach selbst nicht mehr fertig.*

  I: *Du hast Schwierigkeiten, das Problem ohne fremde Hilfe zu bewältigen.*

  G: *Es scheint dich sehr zu berühren, daß du das Problem nicht lösen kannst.*

* R *Entschuldigen Sie. Ich hab', glaub' ich, gar nicht richtig hingehört, was Sie jetzt gesagt haben. Wissen Sie, ich hab' im Augenblick so viel um die Ohren. Vor allen Dingen die Sache mit meiner Freundin; die hat sich in letzter Zeit, seitdem sie die Schule verlassen hat, so ungeheuer verändert. Ich versteh' das überhaupt nicht. Ich erkenn' sie gar nicht mehr wieder.*

  I: *Du beobachtest, daß sich das Verhalten deiner Freundin seit ihrem Schulabbruch ziemlich verändert hat.*

  G: *Es scheint dich sehr zu beunruhigen, wie sich deine Freundin verändert hat, seitdem sie die Schule verlassen hat.*

* R: *Mein Vater brüllt mich fast jeden Tag an. Nie mach' ich ihm was recht. Dabei versuche ich doch alles, mich zu Hause nützlich zu machen und in der Schule gut zu sein. Ich weiß gar nicht, was der hat. Doch das macht mich richtig fertig.*

  I: *Du kannst nicht verstehen, weshalb dich dein Vater so heftig kritisiert.*

  G: *Du fühlst dich ziemlich mies, weil dich dein Vater so unfair behandelt.*

* R: *Eigentlich möchte ich ja nach der zwölften Klasse die Schule verlassen; ich könnte dann an der Fachhochschule studieren.*

111

I: *Wenn du mit Ende der zwölften Klasse die Fachhochschulreife bekommst, wirst du die Schule verlassen.*

G: *Du fühlst dich ziemlich wohl mit der Vorstellung, nun doch schon bald die Schule verlassen zu können.*
oder:
Die Schule langweilt dich inzwischen doch ziemlich; Du möchtest lieber etwas anderes tun.

* R *Die letzte Klassenarbeit in Deutsch war wirklich ein Hammer. So viele Fehler hab' ich noch nie gemacht.*

I: *Normalerweise schreibst du in Deutsch Arbeiten, die wesentlich besser ausfallen als die letzte.*

G: *Dich irritiert, daß du in der letzten Deutscharbeit so viele Fehler gemacht hast.*
oder:
Du hast Sorge, daß du bei der nächsten Deutscharbeit wieder so viele Fehler machen könntest wie in der letzten.

* R: *Ich hab' festgestellt, daß mich Religion nun wirklich nicht interessiert. Nachdem ich den Konfirmandenunterricht hinter mir habe, weiß ich eh nicht, was ich da noch soll.*

I: *Nachdem du jetzt konfirmiert bist, weißt du nicht, was dir das Fach Religion noch bringen könnte.*

G: *Du fühlst dich im Fach Religion nicht persönlich angesprochen.*
oder:
Religion langweilt dich.

* R: *In Ihrem Unterricht kommt man ja doch nicht zu Wort. Sie haben da ganz klar Ihre Lieblinge, die Sie immer wieder drannehmen.*

I: *Du kannst dich in meinem Unterricht nicht so oft beteiligen, wie du das eigentlich möchtest.*

G: *Du fühlst dich von mir ungerecht behandelt und das ärgert dich.*

* R: *Ich habe das wirklich schon so oft probiert, meine Hausaufgaben gleich an dem Tag zu erledigen, an dem wir sie aufbekommen. Aber irgendwie kommt dann immer etwas dazwischen. Da ruft dann Sascha an, oder Petra kommt vorbei, oder ich muß für meine Eltern einkaufen gehen.*

I: *Du hast große Schwierigkeiten deine Hausaufgaben zügig zu erledigen, weil du immer wieder abgelenkt wirst.*

G: *Du fühlst dich wohl recht hilflos in den Situationen, in denen du deine Aufgaben machen möchtest, aber dann immer wieder Ablenkungen eintreten.*
oder:
Du ärgerst dich darüber, daß deine Freunde und deine Eltern immer wieder für Ablenkungen sorgen, wenn du gerade deine Hausaufgaben machen möchtest.
oder:
Du würdest dich wohl fühlen, wenn du deine Aufgaben für die Schule endlich einmal ohne Ablenkungen erledigen könntest.

* R: *Marcel hat mich heute schon wieder getreten; und die Mädchen machen mich dauernd an. Da hab' ich eben zurückgeschlagen. Ich weiß auch nicht, wie das passiert ist.*

I: *Du bist von verschiedenen Mitschülern geärgert worden und dann hast du zugeschlagen.*

G: *Ich glaube, du fühlst dich jetzt ziemlich mies, weil du da etwas getan hast, daß du von dir nicht kennst und wohl auch nicht erwartet hast.*
oder:
Du warst wohl ziemlich aufgebracht, als du zugeschlagen hast.

* R: *Solange Jens da sitzen bleibt, mach' ich nicht mit.*

I: *Du willst nicht mehr mitarbeiten, solange die Sitzordnung nicht geändert wird.*

G: *Jens scheint dich sehr zu stören.*
oder:
Du magst Jens nicht sonderlich.

Generalisierungen beispielsweise gehören neben Tilgungen und Verzerrungen wohl zu den am häufigsten vorkommenden Decodierungen, die Menschen allgemein benutzen und die auch in Beratungsgesprächen immer wieder begegnen. Sagt jemand etwa: „Mich nimmt keiner ernst!", so empfiehlt es sich, vor dem Anwenden des aktiven Zuhörens die Generalisierung „keiner" zu hinterfragen. Zu diesem Zweck kann man die Rückfrage stellen: „Bist du wirklich noch von niemandem ernst genommen worden?" Erfahrungsgemäß wird dann der ursprüngliche Satz eingeschränkt: „Natürlich bin ich schon mal ernst genommen worden; aber Claus nimmt mich eben nicht ernst."

Auch diese Aussage enthält noch eine Verallgemeinerung: Die Unterstellung, Claus nehme den Sprecher grundsätzlich, also nie ernst. Die Fragen: „Wann genau nimmt dich Claus nicht ernst?" und „Wie macht er das?" heben auch diese Generalisierung auf. Wenn der Ratsuchende schließlich zu erkennen gibt, daß Claus ihn in der Situation X auf die Weise Y nicht ernst genommen hat, kann der Ratgeber schließlich das aktive Zuhören anwenden, indem er etwa sagt:
„Du hast dich ziemlich vorgeführt gefühlt, als Claus in der Situation X sich dir gegenüber A verhielt."

Obgleich es nicht immer leicht ist, Tiefenstrukturen von Aussagen sofort zu erkennen, lohnt es sich, danach zu suchen und erst dann aktives Zuhören als eine Methode zu nutzen. Auf das aktive Zuhören selbst sollte man als Ratgeber zumindest solange nicht verzichten, wie man sich über die Problemlage, die der Ratsuchende mitbringt informieren möchte. Dadurch, daß man durch das Anwenden aktiven Zuhörens dem Ratsuchenden die Verantwortung für den Fortgang des Problemlösungsprozesses überantwortet (s. Uttendorfer-Marek 1981b, 390), wird der Klient selbst aktiv werden und seine Schwierigkeiten in die eigenen Hände nehmen.

Allerdings sollte aktives Zuhören nicht zum Selbstzweck werden; aktives Zuhören eignet sich nur bedingt dazu, Verhaltensänderungen beim Ratsuchenden zu bewirken, vielmehr führt es ab einem bestimmten Punkt des Beratungsverlaufs dadurch in die Sackgasse, daß der Ratsuchende in aller Regel nicht wirklich fähig ist, sein Problem völlig allein zu bewältigen; wäre er dazu in der Lage, wäre er vermutlich nicht in die Beratung gekommen.

Übung 41

Im folgenden finden Sie eine Reihe von Äußerungen, wie Sie Ihnen in Beratungssituationen in der Schule immer wieder begegnen können. Versuchen Sie bitte, zu jeder der Aussagen eine Formulierung des aktiven Zuhörens zu finden. Vermeiden Sie, die Informationen nur auf der Gefühls- oder allein auf der inhaltlichen Ebene zurückzumelden, nutzen Sie vielmehr eine Mischform, wo immer dies möglich ist. Achten Sie darüber hinaus darauf, ob die Aussagen zum Beispiel Generalisierungen enthalten, die Sie vorab auflösen sollten. (Die Aussagen 2 bis 10 stammen aus: Kliebisch 1991a, 53.)

1. Herr S. über Thomas, seinen 17jährigen Sohn, der die 11. Klasse des Gymnasiums besucht: *„Thomas ist wirklich ein fleißiger Schüler. Er sitzt jeden Tag mindestens zwei Stunden zu Hause und erledigt die Aufgaben für die Schule. Er strengt sich wirklich an. Aber das scheint alles überhaupt nichts zu nutzen. Er schreibt bei Ihnen doch nur schlechte Arbeiten."*

2. Kollege B. über seine Schülerin Susanne, 10. Klasse: *„Die Susanne schreibt bei mir immer ganz tolle Arbeiten, mündlich sagt sie keinen Ton. Das verschlechtert Susannes Note ziemlich stark."*

3. Schüler Marcus, 12. Klasse: *„Ich war schon immer so; ich bin eben introvertiert, deshalb melde ich mich kaum. Im übrigen hab' ich auch kein Bedürfnis, mich mit den anderen über solche Themen zu unterhalten."*

4. Schülerin Britta, 7. Klasse: *„Ich weiß, ich bin nicht gut in der Schule, vielleicht bleib' ich dieses Jahr sogar sitzen. Meine Eltern haben mir gesagt, dann dürfte ich nicht mehr auf dem Gymnasium bleiben ... Aber ich hab' doch hier alle meine Freundinnen."*

5. Michael, 16 Jahre, über seinen Klassenlehrer: *„Erst tut der immer so freundlich, und hinterher dürfen wir das dann ausbaden."*

6. Christine, 14 Jahre, über ihren Mathematiklehrer: *„Der ist wirklich kompetent und bemüht sich um uns. Doch ich krieg's irgendwie nicht hin. Die Petra schafft das besser als ich, und die hat er auch schon gelobt."*

7. Frau K. über ihren Sohn Hans, 18 Jahre: *„Ich weiß, Hans ist ja nicht dumm. Aber ab und zu braucht der wohl mal 'n kleinen Stoß, um wieder wach zu werden. Schließlich wollen wir doch, daß er das Abitur macht."*

8. Simone, 15 Jahre: *„Irgendwie kotzt mich die ganze Schule an. Immer dieser öde Unterricht und diese Leute ..."*

9. Kollege S. über seinen Schüler Thomas, 17 Jahre: *„Thomas hat mich heute wieder geärgert. Das gibt's einfach nicht. Da sollte man wirklich 'mal 'ne Konferenz für ansetzen."*

10. Klaus, 11. Klasse: *„Ich müßte 'mal die Vokabeln wiederholen. Ich glaub', daß die meisten Fehler in der Arbeit davon kommen, daß ich die Vokabeln nicht genug kann."*

11. Petra S., 17 Jahre, über Ihren Freund: *„Der macht mich wirklich fertig. Jetzt hab' ich ihm schon den Gefallen getan und hab' mit ihm das Fußballspiel angeschaut. Und wenn ich dann mal was dazu gesagt hab', hat er mich richtig angeschnauzt, ich soll gefälligst meinen Mund halten."*

12. Roger, 18 Jahre, Gymnasiast: *„Seit einiger Zeit hab' ich ziemlichen Ärger mit meiner Freundin. Die hat in den letzten drei Jahren neben der Schule schon an verschiedenen Stellen gearbeitet. Das fand ich ja noch ganz gut, obwohl wir uns da auch schon recht selten sahen, weil sie so beschäftigt war. Aber jetzt will sie auch noch am Wochenende in einer Bar kellnern. Dann sehen wir uns womöglich fast gar nicht mehr. Das halte ich nicht lange aus."*

13. Christiane, 16 Jahre, über die Schule: *„Ich mach' das jetzt seit meinem 6. Lebensjahr. Immer das gleiche; Tag für Tag. Da hat sich fast nichts geändert. Morgens hierher, nachmittags nach Hause; irgendwie jeden Tag dieselben Leute. Man, das nervt mich. Ich muß da unbedingt 'raus."*

14. Olaf über die Beziehung zu seiner Freundin Andrea, beide 19 Jahre alt: *„Ich weiß auch nicht, was da eigentlich passiert ist. Als wir vor einem halben Jahr zusammengezogen sind, war noch alles in Ordnung. Wir haben uns wirklich geliebt. Obwohl wir uns erst ein halbes Jahr kannten, waren wir sicher, daß es gut gehen wird, wenn wir in einer Wohnung leben. Aber irgendwie hat das nicht geklappt. Wir streiten uns jetzt mehr, als daß wir miteinander etwas Vernünftiges unternehmen. So kann das einfach nicht weitergehen."*

15. Alexander, 20 Jahre: *„Wenn ich heute noch mal anfangen könnte, würde ich bestimmt aussteigen aus dem Trott. Die Schule bringt doch irgendwie nichts. Am Ende ist man doch nur arbeitslos. Warum soll man sich denn da noch anstrengen?"*

3.7 Fragen – Bewerten – Raten

Die im vorangegangenen Abschnitt ausführlich behandelte Technik des aktiven Zuhörens repräsentiert einen wesentlichen Bestandteil des gesprächspsychotherapeutischen Ansatzes, wie er vor allen Dingen von Carl R. Rogers und seinen Schülern vorgetragen wird (vgl. u.a. Rogers 1972; ders. 1973 u. 1987a u. b; s. ferner Gordon 1980 u. 1981). Die Vertreter der Humanistischen Psychologie gehen vor dem Hintergrund einer ausgesprochen optimistischen Anthropologie davon aus, daß in dem Maße der Ratsuchende in die Lage versetzt wird, sein Problem eigenständig zu definieren und einer Lösung zuzuführen, wie der Berater fähig wird, sich dem Hilfesuchenden gegenüber echt zu verhalten, ihn wirklich zu akzeptieren und ihm emotionale Wärme zu vermitteln.

Die zweifellos im Rahmen der Beratung beim Ratsuchenden zu beobachtende Tendenz, Kräfte bei sich zu entdecken, die dann zu einer Art „Selbstheilung" beitragen, erklärt Rogers damit, daß im Kontext der Interaktion zwischen Therapeut und Klient so etwas wie ein Prozeß „signifikanten Lernens" initiiert wird. *„Signifikantes Lernen",* so Rogers, *„findet statt, wenn der Lerninhalt vom Lernenden als für seine Zwecke relevant wahrgenommen wird.* Ein Mensch lernt in belangvoller Weise nur jene Dinge, die für ihn mit der Erhaltung oder der Entfaltung seines Selbsts verbunden sind" (Rogers 1979b, 157). „Mit dem Ausdruck ,signifikantes Lernen' meine ich ein Lernen, das mehr als nur Faktensammeln bedeutet. Es ist ein Lernen, das etwas ändert – im Verhalten des einzelnen, in den von ihm künftig einzuschlagenden Handlungsweisen, in seinen Einstellungen und in seiner Persönlichkeit. Es ist ein durchdringendes Lernen", so Rogers weiter, „nicht nur eine Zunahme an Wissen, sondern etwas, das jeden Teil seiner Existenz betrifft und durchdringt" (Rogers 1979a, 274).

Selbstinitiiertes Lernen, gegründet auf die positive, vertrauensvolle Beziehung zwischen Berater und Ratsuchendem, setzt mithin den Hilfesuchenden instand, seine mitunter verborgenen Ressourcen (neu) zu entdecken und mit ihrer Hilfe eine für ihn konstruktive Umstrukturierung, Umbewertung und Uminterpretation der Wirklichkeit zuzulassen und zu ermöglichen (vgl. Abb. 23; s.a. Kliebisch 1995).

Rogers ist in diesem Zusammenhang vielfach vorgeworfen worden, daß die These von der Wirksamkeit seines Konzepts im wesentlichen mit seinem persönlichen therapeutischen Erfahrungswissen belegt und von daher nicht hinreichend empirisch überprüft sei (vgl. z.B. DIFF 1985, 126). Der damit vorgebrachte Einwand ist freilich aus heutiger Sicht nur noch bedingt aufrecht-

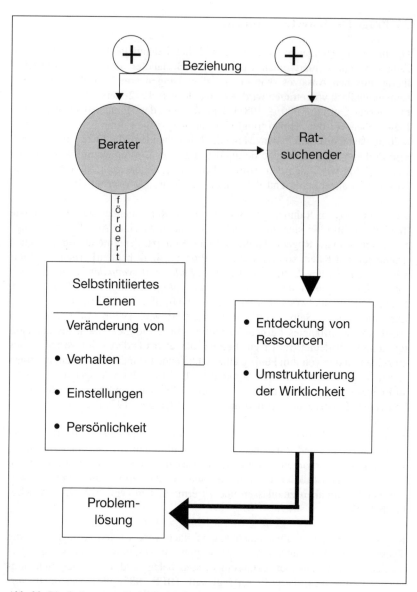

Abb. 23: Die Bedeutung selbstinitiierten Lernens

zuerhalten, weil – nicht zuletzt aus lerntheoretischer Perspektive – inzwischen eine Reihe sorgfältig durchgeführter Untersuchungen auch aus dem deutschsprachigen Bereich vorliegt, die die Effektivität des gesprächstherapeutischen Ansatzes recht eindeutig hervorhebt und damit auch der Methode des aktiven Zuhörens in der Beratungspraxis einen hohen Stellenwert einräumt (s. u.a. Truax/Carkhuff 1965; Truax/Mitchell 1971; Bommert 1977; Pavel 1978; Gerl/Pieritz 1979; Tausch/Tausch 1979).

Diese im ganzen ohne Frage positive Einschätzung des gesprächspsychotherapeutischen Konzepts kann – einmal abgesehen von grundsätzlichen Einwänden (s. dazu z.B. Neubauer 1988b u. Auckenthaler 1989) – über gewisse Beschränkungen nicht hinwegtäuschen, die nicht zuletzt durch ein kontinuierliches Anwenden des aktiven Zuhörens hervorgerufen werden können (vgl. zum Folgenden a. DIFF 1985, 125 ff.):

Das alleinige Anwenden gesprächspsychotherapeutischer Techniken wie des aktiven Zuhörens birgt die Gefahr einer Überforderung des Ratsuchenden.

Der gesprächstherapeutische Ansatz unterstellt im wesentlichen unausgesprochen mitunter nicht geringe sprachliche Fähigkeiten auf seiten des Hilfesuchenden; eine solche kommunikative Kompetenz ist in aller Regel, insbesondere bei jüngeren Klienten nicht vorauszusetzen, sie muß ähnlich wie die von Rogers angenommene Aktualisierungstendenz, die jedem Menschen vom Grundsatz her innewohnt, im Zuge sozialer Interaktionen aktiviert und entwickelt werden.

Darüber hinaus ist davon auszugehen, daß viele Ratsuchende deshalb eine professionelle Hilfe zur Lösung ihres Problems in Anspruch nehmen, weil sie damit allein nicht (mehr) fertig werden. Freilich kann der Berater zur Klärung der Sachlage dadurch beitragen, daß er aktives Zuhören anwendet; allerdings wird oft dieses Vorgehen allein nicht ausreichen, auch eine Lösung der Schwierigkeiten anzubahnen. Hier sind zweifellos noch andere Strategien erforderlich, um sich in der konkreten Situation eines Beratungsgesprächs nicht von einem bestimmten Zeitpunkt an gedanklich nur noch im Kreise zu bewegen.

Aktives Zuhören bringt den Ratsuchenden über einen gewissen Punkt der Analyse seiner Lage nicht mehr hinaus und wirkt dann frustrierend.

Nicht nur die immer wieder begegnende Hilflosigkeit vieler Ratsuchender im Blick auf die eigenständige Bewältigung ihrer Probleme muß zu der Annahme führen, daß aktives Zuhören allein offenbar oft nicht ausreicht, um die zur Debatte stehenden Fragen wirklich zu lösen. Diese Vermutung erklärt sich auch daraus, daß der Berater, solange er aktiv zuhört, dem Ratsuchenden eben nichts über das hinaus verrät, was dieser nicht schon selbst wußte, zweifellos nicht immer in der wünschenswerten Deutlichkeit. Sicher ist es ausgesprochen nützlich, wenn sich der Ratsuchende mit Hilfe der vom Berater angewandten Technik des aktiven Zuhörens zunächst einmal darüber klar werden kann, wo genau sein Problem überhaupt liegt. Allerdings muß eine solche Klärung eben nicht zwangsläufig auch dazu führen, daß der Klient selbst und ohne eine weiterreichende Unterstützung des Therapeuten Lösungswege findet, die für ihn letztlich gangbar sind.

Aus den vorangegangenen Überlegungen ergeben sich sowohl der Einsatzort und die Funktion des aktiven Zuhörens im Rahmen des Problemlösungsgeschehens als auch – im Bedarfsfall – die Notwendigkeit für weitere Beratungstechniken.

○ Aktives Zuhören sollte stets zu Beginn der Problemlösungsphase eingesetzt werden.

○ Aktives Zuhören dient der Selbstklärung des Ratsuchenden.

○ Aktives Zuhören führt zur Definition des Problems, das der Hilfesuchende besitzt.

○ Aktives Zuhören wirkt kontraproduktiv, wenn der Klient sein Problem nicht selbst zu lösen vermag.

○ Aktives Zuhören muß durch weitere Beratungstechniken ergänzt werden, wenn der Ratsuchende nicht ohne Hilfe zu einer Problemlösung findet.

Das alleinige Anwenden gesprächspsychotherapeutischer Techniken, insbesondere das Nutzen aktiven Zuhörens, führt also immer dann unweigerlich in eine Sackgasse, wenn im Verlauf der Problemphase des Beratungsgesprächs die Schwierigkeiten des Ratsuchenden mit diesen Strategien nicht hinreichend definiert bzw. ein Lösungsweg für die Probleme noch nicht in Sicht ist. In einer solchen Situation muß der Berater um des Fortgangs des Beratungsprozesses

Übung 42

Überlegen Sie, welche Gesprächstechniken Sie im Rahmen Ihrer Beratungstätigkeit verwenden. Legen Sie eine Liste an.

Übung 43

In welchen Zusammenhängen genau benutzen Sie die Techniken, die Ihnen bei der Bearbeitung der Übung 42 eingefallen sind? Welche (möglichen) Wirkungen haben diese Methoden auf Ihre Klienten? Nutzen Sie zur Beantwortung dieser Frage das in Kapitel 2.3 eingeführte A-B-C-D-E-Modell über die interne Verarbeitung äußerer Ereignisse.

Übung 44

Welche Schwierigkeiten sind Ihnen in Erinnerung, die gerade bei der Anwendung der von Ihnen in Übung 42 aufgelisteten Gesprächstechniken aufgetreten sind? Wie erklären Sie sich diese Probleme? Welche Strategien wenden Sie an, um mit solchen Schwierigkeiten umzugehen? Wie erfolgreich sind Sie dabei? Begründen Sie Ihre Einschätzungen. Ziehen Sie ggf. auch hierzu das Ihnen bekannte A-B-C-D-E-Schema heran.

willen auf weitere Methoden der Gesprächsführung zurückgreifen, um mittelfristig eine Klärung der Sachlage anzusteuern und auf diesem Wege schließlich Lösungsperspektiven für den Ratsuchenden anzubahnen.

Wichtig sind bei diesem Vorgehen allerdings mindestens zwei Gesichtspunkte: Zum einen darf der Griff nach zusätzlichen Techniken nicht vorschnell vollzogen werden, um dem Ratsuchenden in jedem Falle so lange wie nur irgend möglich die Gelegenheit zu geben, weitgehend selbsttätig zu agieren. Aus demselben Grund sollte zum anderen selbstverständlich sein, daß weitere Strategien immer nur im Sinne einer konstruktiven Ergänzung der bisher zur Sprache gebrachten Methoden genutzt werden sollten. Wir wollen Ihnen im folgenden drei solcher ergänzend einsetzbarer Techniken etwas genauer vorstellen, die schon bei der Behandlung der sogenannten Kommunikationsblockaden in Kapitel 3.3 kurz erwähnt worden sind.

Übung 45

Schauen Sie vor dem Weiterlesen noch einmal in das Kapitel 3.3, und vergegenwärtigen Sie sich die dort besprochenen Kommunikationsblockaden und deren Wirkungen.

Fragen

Fragen zu stellen kann ausgesprochen hilfreich sein, um unklare Sachverhalte besser zu verstehen. Außerdem können Fragen von seiten des Beraters den Ratsuchenden ohne weiteres dazu motivieren, (endlich) Auskunft zu geben über Umstände und Personen, über die er bisher nicht hat sprechen können und/oder wollen. Dieser motivierende Effekt, der durch Therapeutenfragen ausgelöst werden kann, kommt durch einen einfachen Mechanismus zustande: Immer dann, wenn eine Frage genau auf solche Zusammenhänge abzielt, über die der Gefragte bislang keine Informationen zu geben bereit oder in der Lage war, wird sich bei ihm das Gefühl des Ertappt- und zugleich (!) des Verstandenseins einstellen, was weitgehend die Barriere abbaut, die Ursache für das Verheimlichen bestimmter Tatsachen hat sein können.

Freilich sollte sich der Berater stets darum bemühen, seine Fragen so offen wie möglich zu stellen, um auf diese Weise dem Ratsuchenden im Hinblick auf die Beantwortung größtmögliche Freiheit einzuräumen. Praktisch bedeutet das, soweit es die Situation erlaubt, auf Entscheidungsfragen zu verzichten und sich weitestgehend auf sogenannte Ergänzungsfragen zu beschränken.

Mit **Entscheidungsfragen** verfolgt der Sprecher das Ziel, einen Tatbestand (endgültig) zu klären. Eine Antwort wird hier im Regelfall durch ein einfaches Ja oder Nein bzw. durch einen entsprechenden Aussagesatz gegeben.

Beispiel 1:
Frage: *„Sind Sie verheiratet?“*
Antwort: *„Ja.“ bzw. „Ich bin verheiratet.“*   oder
           „Nein.“ bzw. „Ich bin nicht verheiratet.“

Beispiel 2:
Frage: *„Sind Sie mit dieser Lösung einverstanden?“*
Antwort: *„Ja.“ bzw. „Ich bin einverstanden.“*   oder
           „Nein.“ bzw. „Ich bin nicht einverstanden.“

Ergänzungsfragen unterscheiden sich von Entscheidungsfragen formal dadurch, daß sie grundsätzlich mit einem Fragewort eingeleitet werden. Man kann mit Ergänzungsfragen nach Personen, Sachen oder nach Umständen fragen.

Beispiel 1:

Frage: *„Wie fühlen Sie sich?"*

Antwort: *„Ich fühle mich nicht wohl, weil ..."* oder
„Ich fühle mich heute gut; denn ..." oder
„Ich fühle mich ziemlich mies, weil ..."

Beispiel 2:

Frage: *„Welche Lösungen schlagen Sie vor?"*

Antwort: *„Vielleicht könnte man ..."* oder
„Bestimmt sollte man nicht ..." oder
„Im Moment fällt mir wirklich nichts ein."

Sie bemerken selbst, auf welch beachtliche Weise Ergänzungsfragen den Antwortspielraum des Gefragten offenhalten und ihm so den durchaus berechtigten Eindruck vermitteln, daß er dem Fragenden, wann immer er es möchte, auch ausweichen kann, ohne damit ein schlechtes Gewissen verbinden zu müssen.

Übung 46

Beobachten Sie in Zukunft genauer, wann Sie dem Ratsuchenden im Verlauf der Beratung Fragen stellen und welche Art von Fragen Sie überwiegend einsetzen. Sollten Sie dabei zu der Erkenntnis gelangen, daß Sie schon in der Einleitungs- oder bereits zu Beginn der Problemphase des Beratungsgesprächs viele Fragen benutzen und es sich vielleicht dabei zusätzlich um wesentlich mehr Entscheidungs- als Ergänzungsfragen handelt, sollten Sie Ihren Beratungsstil in diesem Punkt konsequent ändern.

Bewerten

Selbstverständlich wird es im konkreten Vollzug eines Beratungsprozesses, abhängig von der Persönlichkeitsstruktur des Hilfesuchenden, auch dazu kommen, daß der Ratsuchende Aussagen über sich selbst macht. Ob sich dabei die Weltsicht des Ratsuchenden aus Ihrer Sicht als Berater schief und unangemessen oder in sich stimmig darstellt oder ob der Ratsuchende sachgerechte oder völlig falsche Analysen seines eigenen Verhaltens unterbreitet oder ob er schließlich gar Lösungsvorschläge für sein Problem macht, Sie werden es als Berater nicht vermeiden können, die Überlegungen des Ratsuchenden letztlich auch einer kritischen, aber wohlwollenden Bewertung zu unterziehen.

Die von Ihnen in diesem Zusammenhang vorgenommene Beurteilung setzt grundsätzlich eine Interpretation jener Perspektiven und Anschauungen voraus, die Ihnen der Ratsuchende selbst als das Gerüst seiner subjektiven Wahrnehmung der Wirklichkeit anbietet. Ihre Bewertung der Äußerungen des Ratsuchenden stellt für ihn wiederum einen vielleicht ersten, aber in jedem Falle außerordentlich wesentlichen Schritt auf dem Weg zu einer sachangemessenen Bewältigung seiner individuellen Schwierigkeiten dar (s.a. Abb. 24).

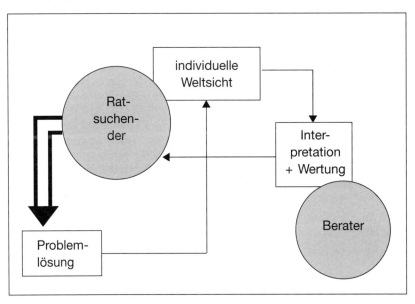

Abb. 24: Die Funktion von Bewertungen

Übung 47

Überlegen Sie, welche sprachlichen Muster Sie benutzen, wenn Sie Äußerungen oder das Verhalten von Klienten bewerten wollen. Machen Sie sich ggf. eine Liste solcher sprachlichen Wendungen. Schauen Sie sich die Liste anschließend genauer an und stellen Sie fest, ob Sie die notierten Wendungen auch in Alltagsgesprächen benutzen. Versuchen Sie, Ihre Beobachtungen zu erklären.

Übung 48

Analysieren Sie die sprachlichen Äußerungen, die Sie gem. Übung 47 notiert haben, daraufhin, wie sie aller Wahrscheinlichkeit nach auf einen Ratsuchenden wirken. Nutzen Sie dazu wiederum das Ihnen aus anderen Zusammenhängen bereits geläufige A-B-C-D-E-Modell (s.a. Kap. 2.3).

Freilich sollte Ihr Bemühen als Berater stets darauf ausgerichtet sein, daß der Ratsuchende Bewertungen seines Denkens und Handelns, die er von Ihnen erfährt, auch emotional möglichst gut verkraften kann. Nur so können Sie verhindern, daß sich der Ratsuchende Ihnen gegenüber nicht verschließt, sondern vielmehr bereit bleibt, Ihnen mehr über sich und seine Sorgen anzuvertrauen. Um dieses Ziel zu erreichen, sollten Sie in besonderer Weise darauf achten, wie Sie Ihre bewertenden Aussagen sprachlich formulieren. Dazu einige Regeln (s.a. Kap. 2.8).

○ Formulieren Sie Ihre positiven wie negativen Bewertungen stets als **Ich-Botschaften**.

Ich-Aussagen haben den Vorteil, daß der Sprecher dabei authentisch bleibt und sich nicht hinter einem unbekannten und zugleich schützenden Kollektiv („man" oder „wir") versteckt (s.a. das folgende Kapitel). Gerade die Echtheit des Beraters ist aber ausschlaggebend für einen effektiven Fortgang des Problemlösungsprozesses.

Beispiele

– Ich bin der Auffassung, daß ...
– Ich bin da anderer Ansicht. ...
– Ich kann das, was Sie sagen, nicht einsehen. ...

○ **Bewerten** Sie die Überlegungen und das Verhalten des Ratsuchenden – wann immer es Ihnen möglich und der Sache nach sinnvoll erscheint – auch **aus emotionaler Sicht.**

Das ganzheitlich orientierte Beratungskonzept verfolgt das Ziel, die rational-emotive Einheit des Klienten wiederherzustellen (s.o. Kap. 2.2). Deshalb muß der Berater nicht nur in seinen rationalen Anteilen echt sein, vielmehr muß er auch, soweit es die Situation zuläßt und es sich als hilfreich erweist, seine Gefühle mit in den Beratungszusammenhang integrieren, wenn er vom Ratsuchenden als vertrauenswürdiger Gesprächspartner akzeptiert werden will.

Beispiele

– Ich fühle mich nicht wohl bei dem, was Sie sagen.
– Ich bin schon ärgerlich, daß Sie ...
– Ich freue mich sehr, daß Sie ...

○ **Bewerten** Sie grundsätzlich nur **ein ganz konkretes Verhalten** oder einen genau definierbaren Gedanken des Klienten.

Bewertungen dürfen weder im positiven noch im negativen Sinne zu Generalabrechnungen führen und damit das Handeln oder die gedanklichen Perspektiven des Ratsuchenden generell thematisieren. Ein solches Vorgehen wird stets als Angriff auf die eigene Person interpretiert, wenn es sich um negative Urteile handelt, und wird andererseits die Gefahr heraufbeschwören, daß der Hilfesuchende sich verlegen abwendet, wenn er pauschal gelobt wird. In jedem Fall stellen verallgemeinernde Bewertungen eine Verzerrung realer Zustände dar und helfen somit niemandem weiter, konkrete Probleme zu lösen.

Beispiele

– Ich finde es ausgesprochen gut, daß Sie Ihrem Mann in diesem Zusammenhang einmal ernsthaft die Meinung gesagt haben.
– Ich bin ziemlich ärgerlich darüber, daß Sie unseren heutigen Termin nicht eingehalten haben.
– Ich bin der Auffassung, daß Sie in dieser Situation falsch gehandelt haben.

Übung 49

Überlegen Sie sich zu den folgenden Äußerungen ratsuchender Schüler wertende Bemerkungen. Gehen Sie dabei davon aus, daß der Ratsuchende in den ersten drei Fällen (a–c) mit seiner Meinung richtig, in den weiteren (d–f) falsch liegt.

a) *„Meine Mutter ist kaum noch zu Hause, wenn ich zu Hause bin. Mittagessen gibt's bei uns auch fast nicht mehr. Da hab' ich mich bei ihr mal so richtig beschwert. Seitdem spricht sie aber kaum noch mit mir."*

b) *„Dieser Lehrer behandelt die Schüler ständig ungerecht. Ich bin da richtig wütend geworden und hab' ihn angebrüllt. Da hat er mich ins Klassenbuch eingetragen und meine Eltern benachrichtigt."*

c) *„Ich hab' einfach keine Lust mehr, mit Rolf zusammenzuleben. Ich hab' mich weiterentwickelt, und er ist noch immer auf dem Stand von vor zwei Jahren. Das hält doch keiner aus."*

d) *„Ich hab' das Gefühl, alle Menschen wollen mir was. Irgendwie sind die alle neidisch auf mich. Das merk' ich schon daran, wie die mich manchmal ansehen."*

e) *„Ich bin mir ziemlich sicher, daß Herr X mich deshalb nicht mehr mag, weil ich ständig Fehler mache. Ich kann ja nicht einmal richtig vorlesen, ohne daß ich irgendwas falsch mache."*

f) *„Diese ganze Beratung hier, die bringt doch sowieso nichts. Sie müssen ja nicht Tag für Tag mit denen in einer Klasse sein. Ich steh' hinterher bestimmt genauso dumm da wie vorher. Sie sehen doch, das klappt alles nicht, was Sie da versuchen."*

Raten

Sind Sie im Verlaufe eines Beratungsprozesses bereits soweit gekommen, daß Sie verschiedentlich Äußerungen von Ratsuchenden bewertet haben, wird es Ihnen aller Wahrscheinlichkeit nach auch nicht mehr besonders schwerfallen, Ratschläge zu erteilen. Sie werden beobachten, daß Hilfesuchende in vielen Fällen geradezu brennend darauf warten, daß der Berater ihnen endlich erklärt, was sie im Blick auf ihre ganz konkreten Schwierigkeiten in Zukunft anders und besser machen sollen. Zweifellos stellt es für den Ratsuchenden eine nicht zu unterschätzende Hilfe dar, wenn man ihm einen Weg aus der Krise weist; aber bedenken Sie auch, daß jeder Ratschlag, der ohne Mitarbeit und Zustimmung des Klienten zustandekommt, in aller Regel nicht sehr viel wert, zumindest aber ziemlich problematisch zu beurteilen ist.

So sehr ein Ratsuchender auch das Bedürfnis haben und vermitteln mag, rasch eine Lösung für sein Problem zu erhalten, so wenig sollte man als Berater einem solchen Anliegen ohne weiteres nachgeben. Der Klient wird so entmündigt; er partizipiert nicht angemessen am Problemlösungsprozeß, weil ihm von außen eine Lösungsstrategie oktroyiert wird. Selbst wenn der Hilfesuchende eine von ihm nicht miterarbeitete Vorgehensweise durchaus als adäquate Befriedigung seiner aktuellen Bedürfnisse erlebt, so sind die ohne ihn entwickelten Problemlösungen oft nicht sehr tragfähig, weil sich der Ratsuchende eben über kurz oder lang von einer solchen Strategie distanzieren wird, die er aus seiner Sicht selbst nicht mitzuverantworten hat. Nur Verhaltensweisen, die er mit seiner Weltsicht vereinbaren kann, die er verinnerlicht hat, wird der Ratsuchende auch in seine Lebenspraxis übernehmen.

Freilich dürfen die hier nur knapp skizzierten Einwände, die gegen ein übereiltes Erteilen von Ratschlägen ohne intensive Beteiligung des Ratsuchenden sprechen, nicht dazu mißbraucht werden, das Prinzip des Beratens pauschal als Kommunikationssperre abzuqualifizieren und damit grundsätzlich aus dem Repertoire nützlicher Gesprächstechniken auszuscheiden (vgl. a.o. Kap. 1.2). Vielmehr sollten diese Einwände dazu beitragen, zum einen den Berater für den richtigen Zeitpunkt sensibel zu machen, an dem es effektiv ist, einen professionellen Rat zu geben. Zum anderen haben sie die Funktion, darauf aufmerksam zu machen, daß der weitaus beste Rat im allgemeinen derjenige ist, den der Klient sich auch selbst hätte erarbeiten können, mit dem er sich – anders ausgedrückt – vollkommen zu identifizieren vermag.

Als Berater sollten Sie daher stets prüfen, ob die von Ihnen gewiesenen Wege vom Ratsuchenden auch tatsächlich mitgegangen werden (können). Als sehr nützlich hat es sich in diesem Zusammenhang erwiesen, den Ratsuchenden durchaus explizit dazu aufzufordern, eigene Lösungen zu benennen oder, wenn dies nicht erfolgversprechend erscheint, die Beratervorschläge zumindest sehr behutsam vorzutragen und sie dann möglichst rasch von seiten des Ratsuchenden einer Bewertung unterziehen zu lassen. Sprachlich könnte das aus der Sicht des Beraters etwa folgendermaßen gestaltet werden:

Beispiele

– „Was hast du denn bisher schon alles unternommen, um mit diesem Problem fertig zu werden?"
– „Laß uns doch 'mal gemeinsam überlegen, wie man aus dieser Sackgasse am besten herauskommen könnte ..."
– „Ich könnte mir vorstellen, daß es für dich hilfreich ist, wenn du erst einmal überlegst, was du für deine Eltern tun könntest. Was hältst du davon?"
– „Wie würdest du es finden, wenn du erst einmal versuchen würdest, mit deinem Englischlehrer über die Angelegenheit zu sprechen, bevor du zu solch weitreichenden Entschlüssen kommst."
– „Ich denke, daß das eine mögliche Lösung für deine Situation darstellt. Doch ich bin nicht sicher, ob du damit wirklich zufrieden wärst, wenn es tatsächlich zu einem Schulabbruch kommen würde."

Übung 50

Überlegen Sie weitere sprachliche Varianten, die Sie einsetzen könnten, um a) den Ratsuchenden dazu zu bewegen, selbst Lösungen für seine Schwierigkeiten zu formulieren, und b) vorhandene Lösungsvorschläge, unabhängig davon, von wem sie stammen, einer Beurteilung durch den Ratsuchenden zuzuführen.

3.8 Feedback

In den vorangegangenen Abschnitten 3.2 bis 3.7 haben wir Ihnen Gesprächstechniken vorgestellt, mit deren Hilfe der Verlauf der Einstiegs- und Pro-
blem(lösungs-)phase des Beratungsprozesses verbessert oder überhaupt möglichst günstig gestaltet werden kann. Da jedoch einzelne Gesprächstermine mit
Ratsuchenden im Regelfall einer zeitlichen Begrenzung unterliegen, bedarf es
schließlich auch geeigneter Methoden, eine Sitzung zu beenden. Abgesehen
davon, daß in dieser Abschlußphase grundsätzlich eine Terminabsprache für ein
Folgegespräch stattfinden sollte, wird es wichtig sein, den Beratungszusammenhang auch in inhaltlicher Hinsicht zu einem für beide Seiten befriedigenden
Ausklang zu bringen.

Eine ausgezeichnete Methode, dieses Ziel zu erreichen, liegt im Geben (und
Empfangen) von Feedback (s.a. Kliebisch 1991b). Das Feedback-Prinzip zielt
darauf ab, sich gegenseitig Auskunft darüber zu geben, welche Gefühle und
Gedanken ausgelöst werden. Feedback stellt einen Akt der Metakommunikation
dar, ist von daher also Kommunikation über Kommunikation. Feedback-Bot-
schaften repräsentieren Aussagen darüber, wie die Kommunikationspartner den
Interaktionsprozeß und die an ihm Beteiligten erlebt haben.

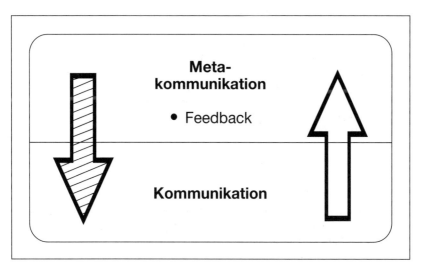

Abb. 25: Feedback als Metakommunikation

Initiiert der Berater am Ende eines Beratungsgesprächs Feedback in diesem Sinne, so gibt er damit nicht nur dem Ratsuchenden die Möglichkeit, seine Erfahrungen mit der Beratung zum Ausdruck zu bringen, sondern erhält auch selbst die Chance, besser zu beurteilen, wie er als Person, aber ebenso seine Bemühungen beim Ratsuchenden angekommen und wie dieser sie aufgenommen hat. Die auf diesem Wege gewonnenen Erfahrungen können dann bei den folgenden Beratungsbemühungen von beiden Seiten aufgegriffen und in die Beratungskommunikation einbezogen werden (vgl. Abb. 25; s.a. Watzlawick/ Beavin/Jackson 1990, 41 ff.; Lange/Schwäbisch/Siems 1977, 150 f.; s. ferner Vopel/Kirsten 1974, 120 ff.; Scherer 1982, 75 ff.; Bachmair 1989, 164 ff.).

Feedback ist also in erster Linie eine Information über die rational-emotive Befindlichkeit des Sprechers. Es geht demnach nicht allein darum, überhaupt seine Gefühle und Gedanken wahrzunehmen, was bisweilen bereits schwierig genug ist, sondern vielmehr muß es Ziel sein, die eigenen Emotionen dem Gesprächspartner in angemessener und nicht verletzender (!) Form als Rückmeldung anzubieten. Auf diese Weise ermöglicht man dem Kommunikationspartner, sich sein Bild über die jeweilige Beziehungsdimension der Kommunikation zu machen und diese dann unter Umständen zu korrigieren (s.a. Schulz v. Thun 1989a, 27 ff. u. 136 ff.).

Rückmeldungen bieten die Chance, im Rahmen einer Kommunikationssituation, mithin auch am Ende eines Beratungsgesprächs, Störungen möglichst frühzeitig zu erkennen und, falls dies als erforderlich empfunden wird, Maßnahmen zu ergreifen, um solchen Störungen konstruktiv zu begegnen. Um die angedeutete Chance nicht unnötigerweise aufs Spiel zu setzen, bedarf es freilich angemessener, d.h. **präziser Formen von Feedback**, die gewährleisten helfen, daß die Rückmeldungen nicht etwa zu neuen Mißverständnissen Anlaß geben (vgl. Kirsten/Müller-Schwarz 1982, 120 ff.; Scheerer 1982, 77 ff.; Hajek 1984, 33 ff.; Dilts u.a. 1987, 93 ff.; Bachmair u.a. 1989, 23 ff.).

Zu sprachlich adäquatem Feedback gehören im wesentlichen die folgenden drei Punkte (vgl. ausführlicher Kliebisch 1991b):

1. Feedback sollte grundsätzlich als **Ich-Botschaft** formuliert werden und stets zu Anfang **die momentane** – positiv oder negativ gestimmte – **Gefühlslage des Sprechers widerspiegeln**.

    Beispiel: „Ich freue mich darüber, ..."

Erläuterung:

Ich- haben gegenüber Du-Botschaften den Vorteil, daß sie die Beziehung zwischen den Sprechern nicht verletzen oder belasten, insbesondere deshalb, weil sie keine negative Bewertung enthalten und es nicht zuletzt deshalb dem Feedback-Empfänger leichter möglich machen, sein Verhalten zu überdenken und unter Umständen zu verändern (vgl. Gordon 1980, 104 ff.; ders. 1981, 15 ff.; Cohn 1991a, 124).

2. Feedback soll stets **nur beschreiben, niemals werten**.

Beispiel: „Ich freue mich darüber, daß Du so gehandelt hast ..."

Erläuterung:

Feedback beinhaltet also zum einen die Beschreibung des wahrnehmbaren Verhaltens desjenigen, dem Feedback gegeben wird, und bringt sein Verhalten zum anderen in Zusammenhang mit der Beschreibung der aktuellen – positiven oder negativen – Gefühlslage des Sprechers, welche sich aus dem beobachteten Verhalten des Feedback-Empfängers ergibt.

Die Bedeutung des nicht-wertenden bzw. nicht-analysierenden oder -interpretierenden Charakters von Feedback liegt darin, daß auf diese Weise dem Feedback-Empfänger eher das Gefühl vermittelt wird, von seinem Gesprächspartner verstanden und akzeptiert zu werden; dies ist durch beurteilende oder moralisierende Äußerungen kaum möglich. Aus Akzeptanz und Achtung resultiert aber für den Feedback-Empfänger zugleich eine Reduzierung von Angst- und Spannungszuständen; die dazu beiträgt, ihn stärker für die Ich-Botschaft zu öffnen sowie bei ihm Denkprozesse in Gang zu setzen, die letztlich auch Verhaltensänderungen ermöglichen (vgl. Rogers 1987a, 34 ff.; ders. 1979a u. b sowie 1987b; Tausch/Tausch 1979, 180 ff.; s.a. Bastine 1981, 583 ff.).

3. Feedback kann auch **die tatsächlichen Folgen aufweisen**, die das Verhalten des Feedback-Empfängers für den Sprecher hat; dadurch können gleichzeitig auch dessen in dem jeweiligen Kontext auftretenden Gedanken zum Ausdruck gebracht werden.

Beispiel: „Ich freue mich darüber, daß Du so gehandelt hast. Das hat mir geholfen."

Erläuterung:

Diese zwar nicht notwendige, aber in jedem Falle nützliche Zusatzinformation versetzt den Empfänger über die emotionale Ebene hinaus zudem in die Lage, die rational-emotive Selbstanalyse des Feedback-Gebers im Sinne des an früherer Stelle behandelten A-B-C-D-E-Schemas (s. Kap. 2) nachzuvollziehen und von daher angemessene Sachkonsequenzen aus seinem eigenen Verhalten beim Gesprächspartner abzuschätzen; dadurch hat er wiederum die Möglichkeit, das Handeln gegebenenfalls zu korrigieren oder im nachhinein anders, vor allem mit größerem Verständnis, zu beurteilen.

Übung 51

Finden Sie heraus, welche der folgenden fünf Sequenzen angemessenes Feedback zum Ausdruck bringen. Formulieren Sie die Aussagen gegebenenfalls um.

1. *„Du machst Ausflüchte!"*
2. *„Ich bin mir nicht sicher, ob du meine Frage verstanden hast."*
3. *„Mein Gott, du bist doch sonst nicht so empfindlich!"*
4. *„Wenn du so unpünktlich zu den Sitzungen erscheinst, bin ich wirklich ärgerlich."*
5. *„Ich habe keine Lust, mir deine Ausführungen noch einmal anzuhören. Wir sollten jetzt wirklich weiterkommen."*

Lösungen

1. Die Formulierung stellt kein angemessenes Feedback dar. Bei der Aussage handelt es sich um eine Bewertung eines beobachtbaren Verhaltens; ferner wird keine Ich-Botschaft übermittelt und auch die Gefühle des Sprechers bleiben ungenannt. Eine Umformulierung könnte lauten: „Mich ärgert, daß du nicht auf mein Anliegen eingehst, weil ich dadurch jetzt in der Sache nicht weiterkomme."

2. Bei der Formulierung handelt es sich um eine Ich-Botschaft, die auch die Gefühlslage des Sprechers einschließt. Allerdings gehört zu einem vollständigen Feedback immer die Beschreibung des beobachtbaren Verhaltens, auf das sich die Aussage bezieht. Der Satz müßte also etwa so ergänzt werden: „Wenn du das so sagst, bin ich mir nicht sicher, ob du meine Frage verstanden hast."

3. Die Äußerung ist eher ein Vorwurf als ein Feedback. Weder wird eine Ich-Botschaft gesandt, noch erwähnt der Sprecher seine aktuelle Gefühlssituation. Diese Aussage könnte als angemessenes Feedback etwa so lauten: „Ich bin ziemlich überrascht, daß du dich jetzt so zurückhältst."

4. Diese Formulierung ist ein echtes Feedback. Sie enthält eine Ich-Aussage, benennt die Befindlichkeit des Sprechers und beschreibt das Verhalten, auf das sich das Feedback bezieht.

5. Bei dieser Aussage handelt es sich um ein fast gelungenes Feedback. In der Ich-Botschaft wird die aktuelle Gefühlslage des Sprechers erwähnt; auch die Beschreibung des beobachtbaren Verhaltens („Du wiederholst dich!") ist – wenngleich ein wenig verborgen – vorhanden. Der letzte Teil der Äußerung allerdings – „Wir sollten jetzt wirklich weiterkommen." – gehört nicht in das Feedback.

Übung 52

Geben Sie in nächster Zeit bewußt und häufig gerade auch in für Sie angenehmen Situationen Ihren Gesprächspartnern Feedback. Achten Sie dabei auf deren Reaktionen, und versuchen Sie ab und zu, diese nach dem A-B-C-D-E-Schema (s. Kap. 2.3) zu analysieren.

Übung 53

Erinnern Sie sich daran, in letzter Zeit selbst einmal Feedback empfangen zu haben? Wie haben Sie sich dabei gefühlt? Versuchen Sie sich zu erklären, durch welche Gedanken Ihre damaligen Gefühle verursacht worden sein könnten. Analysieren Sie für sich selbst zum besseren Verständnis die erinnerte Situation nach dem Ihnen bekannten A-B-C-D-E-Schema.

Übung 54

Fragen Sie sich allgemeiner, welche Schwierigkeiten Menschen beim Empfangen von Feedback haben könnten und wie Sie Ihrerseits als Feedback-Geber darauf einzugehen in der Lage sind. Sprechen Sie mit Freunden oder Partnern über diese Probleme.

Für den konkreten **Ablauf eines Sitzungsendes** im Rahmen eines Beratungsprozesses bedeutet das Gesagte für den Therapeuten folgendes:

1. Fordern Sie den Ratsuchenden auf, Ihnen gegenüber Feedback zu geben.

Bitten Sie ihn darum, sowohl zu Ihnen als Person als auch zu dem Beratungsgeschehen insgesamt etwas zu sagen. Rechnen Sie dabei allerdings damit, daß der Ratsuchende die oben formulierten Feedback-Regeln nicht oder zumindest nicht vollständig einhält. Fragen Sie deshalb ggf. zurück; vor allem sollten Sie darauf achten, daß Sie möglichst viel über die aktuelle Befindlichkeit des Hilfesuchenden erfahren und auch darüber, welchen Einfluß die Beratung darauf ausgeübt hat. Gerade diese Informationen sind für Sie im Blick auf den Fortgang des Beratungsprozesses von besonderer Bedeutung.

2. Geben Sie anschließend dem Ratsuchenden gegenüber selbst Feedback.

Bemühen Sie sich darum, die Feedback-Regeln so konsequent wie irgend möglich einzuhalten. Sprechen Sie zum Ratsuchenden sowohl darüber, welchen Eindruck seine Person auf Sie gemacht hat, als auch davon, wie Sie den Verlauf des Gesprächs empfunden haben. Nutzen Sie vorzugsweise gerade zum Abschluß der ersten Sitzungen – soweit erforderlich – nicht nur positives Feedback, um die Motivation des Ratsuchenden zur Mitarbeit zu erhalten und vielleicht sogar noch zu steigern. Dabei sollten Sie nicht lügen; denn Ihre Echtheit ist für den Ratsuchenden nicht zuletzt in dieser Abschlußphase des Gesprächs ein sicheres Indiz, in Ihnen den vertrauensvollen Partner gefunden zu haben, mit dem er auch in Zukunft aktiv zusammenarbeiten möchte.

Übung 55

Wenden Sie die oben beschriebene Vorgehensweise in Ihrer Praxis als Berater ab sofort an. Beobachten Sie genau, wie Ratsuchende darauf reagieren, und analysieren Sie die entsprechenden Situationen zum besseren Verständnis ggf. nochmals nach dem Ihnen inzwischen gut bekannten A-B-C-D-E-Schema (s. Kap. 2.3).

3.9 Nachträgliches Lautes Denken

In den vorangegangenen Abschnitten des Kapitels 3 dieses Buches haben wir Ihnen eine Reihe von Gesprächstechniken vorgestellt, die in den ersten drei Phasen eines Beratungsgesprächs, der Einstiegs-, der Problem(lösungs-) und der Abschlußphase, zum Einsatz kommen. Mit dem Ende einer Beratungssitzung ist freilich für den Berater selbst der Beratungsprozeß noch nicht abgeschlossen; er muß sich in einer Nachbereitungsphase selbst darüber Rechenschaft ablegen, ob und in welchem Ausmaß das geführte Beratungsgespräch effektiv gewesen ist. Zu diesem Zweck ist es erforderlich, daß sich der Berater gleichsam rückwirkend Gedanken über das abgelaufene Gespräch macht, um auf diesem Wege zukünftige Beratungsprozesse sowohl mit demselben als auch mit anderen Klienten ggf. besser gestalten zu können.

Eine solche Reorganisation des Beratungsgeschehens stellt wie das Prinzip des Feedbacks (s. Kap. 3.8) oder der Supervision (s. Kap. 3.10) einen Akt der Meta-Kommunikation oder Meta-Beratung dar. Während die Supervision eine Methode repräsentiert, die der Berater stets in der Auseinandersetzung mit mindestens einer weiteren in psychologischer Hinsicht kompetenten Person durchführen sollte, handelt es sich bei dem hier zu behandelnden Nachträglichen Lauten Denkens um ein Verfahren, das der Berater in der Art einer Selbstreflexion auch ohne fremde Hilfe praktizieren kann (vgl. Abb. 26; s.a. Wagner 1981b, 341 ff.; Uttendorfer-Marek 1981a, 31 ff.; s.a. Kliebisch 1981, 147 ff. u. ders. 1991a).

Nachträgliches Lautes Denken soll, wie Uttendorfer-Marek betont, dazu dienen, die „Übermacht eingeschliffener Denkvorgänge zu erkennen, um diesen damit ihre prägende Kraft zu nehmen" (1981a, 39). Mit lautem Denken sind in diesem Zusammenhang nicht nur Kognitives, also Gedanken, Reflexionen, Worte im weitesten Sinne, sondern immer auch Gefühle und Empfindungen gemeint. Diese Sicht erscheint schon deshalb plausibel, weil (die meisten) Gedanken zweifellos mit (wahrnehmbaren) körperlichen Abläufen gekoppelt sind (vgl. o. Kap. 1.3 sowie Wagner 1981b, 343).

Was den Aspekt der Nachträglichkeit des Nachträglichen Lauten Denkens betrifft, so geht es hierbei nicht darum, „sich nachträglich etwas zu denken zu dem, was man früher getan hat, etwa darüber zu theoretisieren oder es zu rationalisieren. Nachträgliches Lautes Denken bedeutet vielmehr, nach Möglichkeit einen Teil derjenigen Gedanken und Gefühle zu ‚reproduzieren‘, die einem in der Situation selber schon ‚durch den Kopf gegangen‘ sind." (Wagner 1981b,

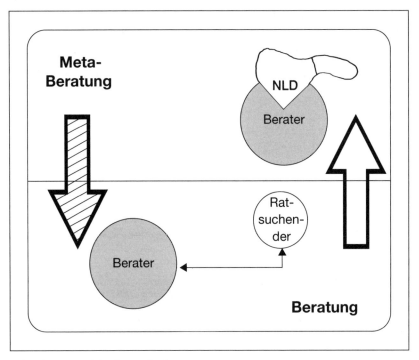

Abb. 26: Nachträgliches Lautes Denken

343). Beim Nachträglichen Lauten Denken kommt es also, wie Wagner nachdrücklich hervorhebt, besonders darauf an, die tatsächlichen Gedanken, (körperlichen) Empfindungen und Gefühle innerhalb der konkreten Situation von dem zu trennen, was man sich nachträglich zu dieser Situation denkt.

Machen wir uns den Unterschied zwischen diesen beiden Erinnerungsstrategien an drei Beispielen noch etwas deutlicher.

Beispiel 1

○ Nachträgliches Lautes Denken

> *„Als Peter anfing, über seine häusliche Situation zu sprechen, dachte ich, na endlich. Wird aber auch langsam Zeit, daß er mir dabei hilft, mich seinen Problemen zu nähern. Diese Entwicklung hat mich wirklich gefreut.“*

○ Nachträgliches Theoretisieren

„Ich glaube, ich lasse mich immer wieder von den ratsuchenden Schülern dazu verleiten, ihnen viel zu lange nur aktiv zuzuhören, statt ihren Gesprächsstil zu kritisieren. Nicole hätte ich auch rascher in die Schranken weisen müssen; denn sie ist eine Vielrednerin, die überhaupt nicht zur Sache kommt, wenn man ihren Redefluß nicht bremst.“

Beispiel 2

○ Nachträgliches Lautes Denken

„Als Sascha im Laufe des Gesprächs von seinen Eltern erzählte, kamen mir seine Ausführungen ziemlich bekannt vor, weil ich so etwas in ähnlicher Weise schon oft von Schülern gehört habe. Ich habe mich dann beim weiteren Zuhören sehr gelangweilt. Immer wieder habe ich mich dann gefragt, ob Sascha wohl merkt, daß ich nicht besonders interessiert daran bin, ihm gedanklich weiter zu folgen.“

○ Nachträgliches Theoretisieren

„Ich vermute, daß ich mich inzwischen immer schlechter auf die Schule konzentrieren kann. Jennifer ist dafür ein ausgezeichnetes Beispiel. Ich denke, ich muß mir überlegen, wie ich gegen diese Schwäche bei mir vorgehen kann. Vielleicht empfiehlt es sich, öfter die Möglichkeit der Supervision zu nutzen.“

Beispiel 3

○ Nachträgliches Lautes Denken

„Ich habe mich während des Gesprächs mit Monika sehr unwohl gefühlt. Ständig waren meine Gedanken bei meinen eigenen Problemen, die ich im Augenblick mit meiner Partnerin habe. Ich hatte den Eindruck, Monika hat das auch gemerkt; ich habe irgendwie gespürt, daß sie heute längst nicht so locker war, wie beim letzten Mal. Ich habe mir dann während der Beratung dauernd Sorgen darüber gemacht, ob Monika mich vielleicht in Zukunft als Berater ablehnen wird, weil sie sich von mir nicht angenommen fühlt. All diese Gedanken haben mich dann noch viel mehr abgelenkt, als ich es ohnehin schon war; ich fühlte mich richtig genervt.“

○ Nachträgliches Theoretisieren

„Der Verlauf des Gesprächs mit Monika war heute sehr ungewöhnlich und aus meiner Sicht ausgesprochen unbefriedigend. Es zeigte sich, daß Monika und ich nicht in der Lage waren, uns auf einer inhaltlichen Ebene zu treffen,

was die Beratung für beide Seiten außerordentlich erschwerte. Vielleicht ist es vor diesem Hintergrund ratsam, daß ich Monika den Vorschlag mache, einmal ausführlicher über die Beratungssituation zu sprechen."

Die Methode des Nachträglichen Lauten Denkens bietet dem Berater also die Möglichkeit, sich im nachhinein in eine Situation zurückzuversetzen und dabei den Versuch zu unternehmen, diese für sich selbst nicht zuletzt auch emotional aufzuarbeiten. Wichtig ist dabei, daß Nachträgliches Lautes Denken keinesfalls zu einer Art des nachträglichen lauten Schimpfens über die eigenen Fehler und das eigene Unvermögen, das man in der Beratungssituation gezeigt hat, oder gar zu exzessiver Kritik am vermeintlich unverantwortlichen Verhalten des Ratsuchenden führt. Nachträgliches Lautes Denken ist eine nachträgliche Schau, ja vielleicht Reorganisation einer real abgelaufenen Beratungssituation, allerdings eine Reorganisation, die auf Wertungen und Kommentare (zunächst) völlig verzichten sollte. Denn erst dieser Verzicht auf Beurteilungen oder Rechtfertigungen bestimmten Handelns gewährleistet die verhältnismäßig vorurteilsfreie Auseinandersetzung mit den entsprechenden Beratungsszenen. Allerdings sollte schon sichergestellt sein, daß im Anschluß an das Nachträgliche Laute Denken vom Berater eine kritische Würdigung des von ihm Erinnerten vorgenommen wird, so daß er auf diese Weise konstruktiv Einfluß auf die weitere Beratungstätigkeit auszuüben und eine Weiterentwicklung der eigenen Beraterpersönlichkeit zu ermöglichen hilft (vgl. Wagner 1981b, 356 ff.; Uttendorfer-Marek 1981a, 31 ff.).

Methodisch hat es sich als besonders günstig erwiesen, Nachträgliches Lautes Denken stets mit einer Entspannungs- und Visualisierungsübung zu kombinieren, weil auf diesem Wege eine strukturierte Erinnerung leichter und nachhaltiger angebahnt und reorganisiert zu werden vermag. Verfahren Sie also nach folgendem Sechs-Punkte-Programm:

1. Entspannen Sie sich mit Hilfe einer der Übungen aus dem Kapitel 2.1.

2. Versetzen Sie sich dann in die Beratungssituation zurück, die Sie erinnern wollen.

3. Reorganisieren Sie dabei die Beratungssituation auf den drei in Kapitel 1.3 behandelten Wahrnehmungsebenen:
   a) Was habe ich damals gedacht? (rationale Ebene)
   b) Was habe ich damals körperlich empfunden? (physiologische Ebene)
   c) Wie habe ich mich damals gefühlt? (emotionale Ebene)

4. Beenden Sie die Visualisierung, und nehmen Sie die Entspannungs-übung zurück.

5. Notieren Sie Ihre gem. Punkt 3 reorganisierten Erinnerungen, und vergleichen Sie sie ggf. mit Aufzeichnungen, die sie bereits früher angefertigt haben.

6. Beurteilen Sie Ihre Erinnerungen kritisch, und ziehen Sie daraus Schlüsse für Ihre zukünftige Beratungspraxis.

Erläuterung:

Nutzen Sie in Zukunft möglichst regelmäßig die Methode des Nachträglichen Lauten Denkens, um damit die von Ihnen geführten Beratungsgespräche auf-zuarbeiten. Gehen Sie dabei so vor, wie wir es in dem oben stehenden Sechs-Punkte-Programm beschrieben haben, und achten Sie besonders darauf, daß Sie am Ende wirklich nur das notieren, was Ihnen seinerzeit tatsächlich „durch den Kopf gegangen ist". Verzichten Sie also dabei zunächst auf jede Art des nachträglichen Rationalisierens, Kritisierens oder Theoretisierens.

Versäumen Sie nicht, die von Ihnen erstellten Erinnerungs-Listen anschließend auch kritisch durchzugehen und aus Ihren Aufzeichnungen ggf. Konsequenzen im Blick auf Ihre Beratungstätigkeit zu ziehen. Doch beachten Sie in diesem Zusammenhang, daß der Schritt der Beurteilung des nachträglich laut Gedachten nicht bereits in den Prozeß des Nachträglichen Lauten Denkens integriert werden darf, sondern prinzipiell erst nach dessen Abschluß stattfinden sollte.

3.10 Supervision

Die im vorangegangenen Abschnitt beschriebene Methode des Nachträglichen
Lauten Denkens unterscheidet sich von der jetzt zu thematisierenden Supervi-
sion grundsätzlich dadurch, daß das Nachträgliche Laute Denken eine Strategie
darstellt, die jeder Berater im Anschluß an Beratungsgespräche ohne fremde
Unterstützung selbst umsetzen kann, während es für die Supervision eines
geeigneten, d.h. in erster Linie fachkompetenten Supervisors bedarf, der den
Nachbereitungsprozeß initiiert und strukturiert. Sowohl beim Nachträglichen
Lauten Denken als auch bei der Supervision handelt es sich um Verfahren der
Meta-Beratung, die – allgemein formuliert – dazu dient, den Berater mit seinem
eigenen Verhalten und von daher auch mit seiner Beziehung zu dem jeweiligen
Klienten zu konfrontieren (vgl. Abb. 27).

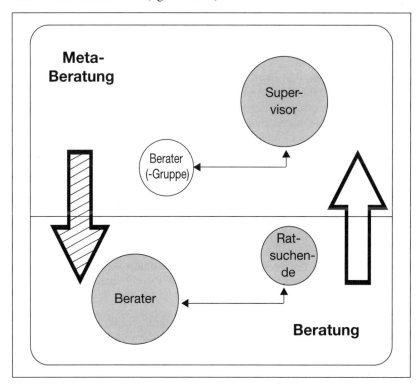

Abb. 27: Supervision

Die lange Tradition der Supervision, angefangen von ihrem spezifischen Einsatz im Bereich der Sozialarbeit und Psychoanalyse, über die durch den ungarischen Psychoanalytiker Michael Balint insbesondere Ärzten angebotene Reflexion über die im Rahmen der Arzt-Patienten-Beziehung in der Psyche des Kranken ablaufenden Prozesse bis hin zur Nutzung von Supervision auch durch Lehrer und Pfarrer (vgl. Neuschäfer 1992, 34ff.; s.a. Balint 1957; Huppertz 1975; Scobel 1988), repräsentiert zugleich auch die oft sehr unterschiedlichen Perspektiven und Anschauungen, die mit dem Begriff Supervision jeweils konkret assoziiert werden. Unabhängig davon wird die grundsätzliche Notwendigkeit der Supervision für (professionelle) Berater schon wegen der emotionalen Belastung, die aus der Beratungstätigkeit selbst resultiert, kaum mehr ernsthaft bestritten (vgl. Bachmair u.a. 1989, 146 f.).

Prinzipiell wird Supervision als „ein auf Dauer angelegter Lernprozeß" verstanden, „der den Supervisanden mit den Ergebnissen seines gegenwärtigen Handelns und seinen alternativen Handlungsentwürfen konfrontiert" (Neuschäfer 1992, 49). Als Initiator und Facilitator eines solchen Prozesses kommt der fachlich, also psychologisch kundige Supervisor in Betracht, dem die Strukturen der Meta-Beratung ebenso vertraut sein sollten wie die charakteristischen Eigenschaften des Beratungssystems (Schule; Beratungsstelle; freie Praxis), innerhalb dessen der einzelne Berater tätig ist. In diesem Sinne könnte ein ausgebildeter Beratungslehrer in bezug auf die Kollegen an seiner Schule die Rolle des Supervisors übernehmen.

Ob die Supervision mit einem Berater allein oder innerhalb einer Beratergruppe durchgeführt wird, sollte von den zur Verfügung stehenden vor allen Dingen personellen Möglichkeiten abhängig gemacht werden. **Gruppen-Supervisionen** bieten allerdings zusätzliche Chancen, die im Falle der Einzel-Supervision nicht genutzt werden können. So lassen sich beispielsweise im Rahmen einer Gruppen-Supervision mit Hilfe von Rollenspielen tatsächliche Beratungssituationen besser nachzeichnen und bei dieser Gelegenheit die Handlungsmuster des jeweiligen Beraters angemessener, als dies eine bloße Verbalisierung zuläßt, veranschaulichen (vgl. a. Pühl/Schmidtbauer 1986, 137; Bachmair u.a. 1989, 166 ff.; Neuschäfer 1992, 42).

Ausgehend von diesen Überlegungen könnte eine Supervisionssitzung mit mehreren Beratern gleichzeitig etwa folgendermaßen gestaltet werden:

1. Alle Anwesenden führen unter Leitung des Supervisors oder eines anderen Mitglieds der Gruppe eine Entspannungsübung durch (Dauer ca. 5–8 Minuten).

2. Berater A wird dann vom Leiter aufgefordert, eine Beratungssituation zu erinnern und seine damaligen Gefühle, Empfindungen und Gedanken mit Hilfe des Nachträglichen Lauten Denkens für alle zu artikulieren. Währenddessen notieren die anderen beteiligten Berater die Aussagen von Berater A (Dauer ca. 5 Minuten).

3. Hat Berater A den Prozeß des Nachträglichen Lauten Denkens abgeschlossen, wird die von ihm visualisierte Szene im Rollenspiel nachgestellt. Berater A spielt sich dabei selbst, ein Kollege B übernimmt die Rolle des Ratsuchenden. Alle übrigen Gruppenmitglieder sind Beobachter (Dauer ca. 5–7 Minuten).

4. Anschließend findet nach einem festgelegten Muster eine Auswertung des Rollenspiels statt:

   a) Berater A nimmt unter Verwendung von Ich-Botschaften Stellung zu folgenden Fragen (Dauer ca. 5 Minuten):
   – Wie habe ich mich während des Spiels gefühlt?
   – Welche Gedanken sind mir dabei durch den Kopf gegangen?
   – Wie hat der Klient (= B) auf mich gewirkt? Was hat mich gestört? Was hat mir geholfen, an das Problem des Ratsuchenden heranzukommen?
   – Welche Schlüsse ziehe ich aus meinen Beobachtungen für diese Situation bzw. darüber hinaus für andere Beratungsgespräche?

   b) Kollege B (= Ratsuchender) nimmt anschließend ebenfalls in Form von Ich-Botschaften Stellung zu folgenden Fragen (Dauer ca. 5 Minuten):
   – Wie habe ich mich während des Spiels gefühlt?
   – Welche Gedanken sind mir dabei durch den Kopf gegangen?
   – Wie hat der Berater (= A) auf mich gewirkt? Was hat mich gestört? Was hat mir geholfen, mich zu meinem Problem zu äußern?

   c) Die als Beobachter fungierenden Gruppenmitglieder nehmen danach reihum zu folgenden Fragen Stellung (Dauer pro Beobachter ca. 2–3 Minuten):
   – Wie läßt sich die Beziehungssituation zwischen A und B beschreiben?
   – Welche Gesprächstechniken sind vom Berater (= A) im einzelnen angewandt worden?

- Welche Wirkungen hatte der Einsatz dieser Techniken beim Ratsuchenden (= B)?
- Was ist mir sonst Wichtiges aufgefallen?

d) Zum Abschluß findet eine gemeinsame Besprechung der Rollen-spielergebnisse unter Beteiligung aller Mitglieder der Supervisionsgruppe statt (Dauer ca. 10 Minuten).

Übung 56

Versuchen Sie (Beratungs-)Kollegen zu finden, die bereit sind, mit Ihnen zusammen eine Supervisionsgruppe zu gründen. Schauen Sie sich nach einem geeigneten Supervisor um. Ziehen Sie zu diesem Zweck ggf. die Deutsche Gesellschaft für Supervision e.V. (Amselstr. 13, 32479 Hille, Tel.: 0 57 34/10 87) zu Rate. Beteiligen Sie sich an der Organisation der einzelnen Gruppensitzungen; machen Sie konkrete Vorschläge zur inhaltlichen und zur zeitlichen Gestaltung. Sorgen Sie insbesondere für regelmäßige Treffen.

Übung 57

Achten Sie bei Supervisionssitzungen auf ein vernünftiges und überschaubares Zeitmanagement. Verzetteln Sie sich nicht, arbeiten Sie zielgerichtet. Zu diesem Zweck ist es durchaus empfehlenswert, in der Gruppe vorab zu beschließen, wieviel Zeit jeweils für die einzelnen Schritte veranschlagt werden soll.

Übung 58

Wenn Sie derzeit keine Möglichkeit sehen, sich einer Supervisionsgruppe anzuschließen, versuchen Sie zumindest einen fachkompetenten Berater (Beratungslehrer/Psychologen) zu finden, mit dem Sie Ihre eigene Beratungstätigkeit besprechen und angemessen aufarbeiten können.

4. LITERATURVERZEICHNIS

Adler, A.: Lebenskenntnis. Frankfurt/M. 1978.

Adler, A.: Wozu leben wir? Frankfurt/M. 1979.

Akademie für Jugendfragen (Hrsg.): Organisationsinterne Supervision. Heft Supervision. Münster 1987.

Andreas, C. u. S.: Gewußt wie. Arbeit mit Submodalitäten und weitere NLP-Interventionen nach Maß. 3. Aufl. Paderborn 1993.

Argelander, H.: Die Struktur der Beratung unter Supervision. in: Psyche (1980) H. 1. 54 ff.

Auckenthaler, A.: Das Risiko der klienzentrierten Psychotherapie oder: Die unsichere Welt der Nacheffekte. in: E. Giese u. D. Kleiber: Das Risiko Therapie. Thema: Psychotherapie. Weinheim/Basel 1989. 153 ff.

Bachmair, S. u.a.: Beraten will gelernt sein. Ein praktisches Lehrbuch für Anfänger und Fortgeschrittene. 4. überarb. Aufl. München 1989.

Balint, M.: Der Arzt, sein Patient und die Krankheit. Stuttgart 1957.

Ballauf, Th.: Skeptische Didaktik. Heidelberg 1970.

Bandler, R.: Veränderungen des subjektiven Erlebens. Fortgeschrittene Methoden des NLP. Paderborn 1987.

Bandler, R.: Bitte verändern Sie sich ... jetzt! Paderborn 1991.

Bandler, R. u. J. Grinder: Metasprache und Psychotherapie. Die Struktur der Magie I. Paderborn 1981 (1981a).

Bandler, R. u. J. Grinder: Metasprache und Kommunikation I. Paderborn 1981 (1981b).

Bandler, R. u. J. Grinder: Matasprache und Kommunikation II. Paderborn 1982.

Bandler, R. u. J. Grinder: Neue Wege der Kurzzeit-Therapie. 9. Aufl. Paderborn 1991.

Bandler, R. u. W. MacDonald: Der feine Unterschied. NLP-Übungsbuch zu den Submodalitäten. 3. Aufl. Paderborn 1993.

Bastine, I.: Eltern und Erzieher als Berater. in: Funk-Kolleg Beratung in der Erziehung. Bd. 2 hrsg. v. W. Horstein u.a. Frankfurt/M. 1981. 583 ff.

Bastine, R.: Auf dem Wege zu einer integrierten Psychotherapie. in: Psychologie heute 12 (1975) H. 7. 53 ff.

Bateson, G.: Geist und Natur. Frankfurt/M. 1982.

Benesch, H.: Artikel „Beratungsprozeß". in: ders.: Wörterbuch zur Klinischen Psychologie Bd. 1. München 1981. 127 ff.

Bense, A.: Erleben in der Gesprächspsychotherapie. Weinheim 1977.

Benson, H.: Das Anti-Streß-Programm. in: Psychologie heute 20 (1993) H. 2. 20 ff.

Bergin, A. E. u. S. L. Garfield (Hrsg.): Handbook of psychotherapy and behavior change. New York 1971.

Berry, C. R.: Die Erlöser-Falle. Lust und Frust der Helfer-Typen. München 1990.

Berscheid, E.: Interpersonal attraction. in: G. Lindzey u. E. Aronson (Hrsg.): The Handbook of Social Psychology (Vol. II). New York 1985. 413–484.

Bierhoff, H. W.: Personenwahrnehmung. Vom ersten Eindruck zur sozialen Interaktion. Berlin u.a. 1986.

Bierhoff, H. W. u. E. Buck: Vertrauen und soziale Interaktion. Alltägliche Bedeutung des Vertrauens. Berichte aus dem Fachbereich Psychologie der Phillips-Universität Marburg, Nr. 83. Marburg 1984.

Bierhoff, H. W. u. C. Schreiber: Erwartungsbestätigung durch verfälschte Eindrucksbildung in der sozialen Interaktion. in: B. Schäfer und F. Petermann (Hrsg.): Vorurteile und Einstellungen. Köln 1988. 251–280.

Böhme, G.: Anthropologie in pragmatischer Hinsicht. Darmstädter Vorlesungen. Frankfurt/M. 1975.

Bommert, H.: Grundlagen der Gesprächstherapie: Theorie-Praxis-Forschung. Stuttgart 1977.

Bommert, H. u. H. D. Dahlhoff (Hrsg.): Das Selbsterleben (experiencing) in der Psychotherapie. München/Wien/Baltimore 1978.

Borgart, E. J.: Wirkfaktoren der rational-emotiven Therapie in Gruppen. in: Gruppendynamik (1986) H. 3. 287 ff.

Bower, G. H.: Mood and memory. in: American Psychologist 36 (1981) 129–148.

Bramson, R. M.: Schwierige Leute – und wie man am besten mit ihnen umgeht. Reinbek 1990.

Brenner, H.: Entspannungs-Training. München 1982.

Burns, D.: Fühl' dich gut. Stuttgart 1986.

Butler, J. K.: Reciprocity of trust between professionals and their secretaries. in: Psychological Reports 53 (1983) 411–416.

Buzan, T.: Kopftraining. Anleitung zum kreativen Denken. Berlin 1984.

Cameron-Bandler, L.: Wieder zusammenfinden. NLP – neue Wege der Paartherapie. Paderborn 1983.

Cohn, R. C.: Es geht ums Anteilnehmen ... Perspektiven der Persönlichkeitsentfaltung. Freiburg 1989.

Cohn, R. C.: Zur Grundlage des themenzentrierten interaktionellen Systems: Axiome, Postulate, Hilfsregeln. in: dies.: Von der Psychoanalyse zur themenzentrierten Interaktion. Von der Behandlung einzelner zu einer Pädagogik für alle. 10. Aufl. Stuttgart 1991. 120 ff. (1991a).

Cohn, R. C.: Von der Psychoanalyse zur themenzentrierten Interaktion. Von der Behandlung einzelner zu einer Pädagogik für alle. 10. Aufl. Stuttgart 1991. (1991b).

Cohn, R. C. u. A. Farau: Gelebte Geschichte der Psychotherapie. Zwei Perspektiven. Stuttgart 1991.

Corssen, J.: Ab heute ändere ich mich. Problemlösungen in Lebenskrisen. München 1989.

Diekstra, R. F. W.: Ich kann denken/fühlen, was ich will. Eine Anleitung zum Auflösen emotionaler Probleme durch rationale Selbst-Analyse. Lisse 1979.

Diekstra, R. F. W. u. W. F. M. Dassen: Rational-emotive Therapie. Eine Einführung in die Rational-Emotive Therapie. Lisse 1982.

Diekstra, R. F. W.: Artikel „Rational-emotive Therapie". in: W. Toman u. R. Egg (Hrsg.): Psychotherapie. Handbuch II. Stuttgart 1985.

DIFF: (Deutsches Institut für Fernstudien an der Universität Tübingen) Fernstudium Ausbildung zum Beratungslehrer. Studienbrief I. Tübingen 1985.

Dilts, R. u.a.: Strukturen subjektiver Erfahrung. Ihre Erforschung und Veränderung durch NLP. 2. Aufl. Paderborn 1987.

Ditfurth, H. v.: Am Anfang war der Wasserstoff. Hamburg 1972.

Ditfurth, H. v.: Der Geist fiel nicht vom Himmel. Die Evolution unseres Bewußtseins. Hamburg 1976.

Dummer, V. B. A.: Therapeutische Methoden der rationalen Verhaltenstherapie. in: F. W. Diekstra u. W. F. Dassen: Eine Einführung in die Rational-emotive Therapie. Lisse 1982. 127 ff.

Eberlein, G.: Ängste gesunder Kinder. Praktische Hilfe bei Lernstörungen. Düsseldorf 1979.

Eberlein, G.: Autogenes Training mit Jugendlichen. Ziel, Sinn, Praxis. Düsseldorf 1985.

Eckert, J. u. E.-M. Biermann-Ratjen: Theorien I: Theorien und Elemente psychotherapeutischer Beeinflussung. Gesprächspsychotherapie (GPT) und Verhaltensmodifikation (VM). in: Funk-Kolleg Beratung in der Erziehung. Bd. 1. hrsg. v. W. Paulstein. Frankfurt/M. 1980. 381 ff.

Eibl-Eibesfeldt, I.: Grundriß der vergleichenden Verhaltensforschung. Ethologie. 3. Aufl. München 1972. (1972a).

Eibl-Eibesfeldt, I.: Stammesgeschichtliche Anpassung im Verhalten des Menschen. in: H. G. Gadamer u. P. Vogler (Hrsg.): Biologische Anthropologie. Zweiter Teil. Reihe: Anthropologie. Stuttgart 1972. 1 ff. (1972b).

Eibl-Eibesfeldt, I.: Krieg und Frieden aus der Sicht der Verhaltensforschung. München 1975.

Eibl-Eibesfeldt, I.: Liebe und Haß. München 1982.

Eichmann, R. u. U. Kliebisch: „Ehrfurcht vor dem Leben". Ein Projekt zum Thema Umweltschutz. in: U. Kliebisch u. R. Eichmann: Vergiß das Fühlen nicht! Schulische Beratung in Theorie und Praxis. Bochum 1991. 113 ff.

Eikmann, J.: Kann ich Ihnen helfen? Berlin 1982.

Ellis, A.: Rational-emotive psychotherapy. St. Louis 1962. (1962a).

Ellis, A.: Reason and emotion in psychotherapy. New York 1962. (1962b).

Ellis, A.: Teaching emotional education in the classroom. School Health Review 1969. H. 11. 10 ff.

Ellis, A.: Die rational-emotive Therapie. Das innere Selbstgespräch bei seelischen Problemen und seine Veränderung. 2. Aufl. München 1978.

Ellis, A.: The essence of RET. in: Journal of Rational-Emotive Therapy. (2) 1984. H. 1. 19 ff. (1984a).

Ellis, A.: Expanding the ABC's of RET. in: Journal of Rational-Emotive Therapy. (2) 1984. H. 2. 20 ff. (1984b).

Ellis, A.: Wut: Die Kunst sich richtig zu ärgern. München 1987.

Ellis, A.: Training der Gefühle – Wie Sie sich hartnäckig weigern, unglücklich zu sein. München 1989.

Ellis, A. u. M. E. Bernard: What is rational-emotive therapy. New York 1985.

Ellis, A. u. R. M. Grieger: Praxis der rational-emotiven Therapie. München 1979.

Ellis, A. u. R. M. Grieger (Hrsg.): Handbook of Rational-Emotive Therapy. Vol. II. New York 1986.

Ellis, A. u. R. Harper: New Guide to rational living. Engelwood Cliffs 1975.

Erben, H. K.: Die Entwicklung der Lebewesen. 2. Aufl. München 1976.

Fast, J.: Körpersprache. Reinbek 1984.

Fensterheim, H. u. J. Baer: Sag nicht Ja, wenn Du Nein sagen willst. München 1977.

Fensterheim, H. u. J. Baer: Leben ohne Angst. Unsicherheiten, Ängste, Phobien erkennen, verstehen, beherrschen. München 1987.

Fiedler, K.: Zur Stimmungsabhängigkeit kognitiver Prozesse. in: Psychologische Rundschau 30 (1985) 125–134.

Fittkau, B./H.-M. Müller-Wolf u. F. Schulz v. Thun (Hrsg.): Kommunikations- und Verhaltenstraining für Erziehung, Unterricht und Ausbildung. 2. Aufl. München 1977.

Florin, I. unter Mitarbeit v. G. Haag: Entspannung – Desensibilisierung. Leitfaden für die Praxis. Stuttgart u.a. 1978.

Forgas, J. P.: Soziale Interaktion und Kommunikation. Eine Einführung in die Sozialpsychologie. Weinheim 1992.

Frankl, V. E.: Psychotherapie für den Laien. Freiburg 1973.

Frankl, V. E.: Der Mensch vor der Frage nach dem Sinn. Eine Auswahl aus dem Gesamtwerk. 2. Aufl. München 1980.

Freud, S.: Abriß der Psychoanalyse. Frankfurt/M. 1972.

Fries, G.: Wirksam helfen. Eine Einführung in die psychosoziale Praxis. Weinheim/Basel 1985.

Fromm, E.: Haben oder Sein. Die seelischen Grundlagen einer neuen Gesellschaft. 6. Aufl. München 1980. (1980a).

Fromm, E.: Die Kunst des Liebens. Neu übers. Ausg. Frankfurt/M./Berlin/Wien 1980. (1980b).

Funk-Kolleg Beratung in der Erziehung. Zwei Bände. hrsg. v. W. Paulstein u.a. Frankfurt /M. 1980.

Gawain, S.: Stell dir vor. Kreativ visualisieren. Reinbek 1989.

Geissler, K. A. (Hrsg.): Gruppendynamik für Lehrer. Reinbek 1979.

Gerl, W. u. R. J. Pieritz: Gesprächspsychotherapie. in: K. Heinerth (Hrsg.): Einstellungs- und Verhaltensänderung. Ihre Theorie und Praxis in der Klinischen und Pädagogischen Psychologie. München 1979. 196 ff.

Giese, E. u. D. Kleiber: Das Risiko Therapie. Thema: Psychotherapie. Weinheim/Basel 1989.

Goleman, D.: Lebenslügen. Warum wir uns immer wieder selbst täuschen. Weinheim 1991.

Gordon, Th.: Familienkonferenz. Die Lösung von Konflikten zwischen Eltern und Kind. Reinbek 1980.

Gordon, Th.: Lehrer-Schüler-Konferenz. Wie man Konflikte in der Schule löst. Reinbek 1981.

Gordon, Th.: Managerkonferenz. Effektives Führungstraining. München 1989.

Gordon, Th.: Die neue Familienkonferenz. Kinder erziehen ohne zu strafen. Hamburg 1993.

Gruen, A.: Der Verrat am Selbst. Die Angst vor Autonomie bei Mann und Frau. 4. Aufl. München 1988.

Hajek, E.: Wie erreiche ich, daß mich meine Partner wirklich verstehen? Erfolgreiche Kommunikation im Berufs- und Privatleben. Wien 1984.

Hauck, P.: Sich selbst behaupten. Innere Barrieren überwinden lernen. Düsseldorf 1988.

Heinert, K. (Hrsg.): Einstellungs- und Verhaltensänderung. Ihre Theorie und Praxis in der Klinischen und Pädagogischen Psychologie. München 1979.

Heller, K. u. H. Nickel (Hrsg.): Psychologie in der Erziehungswissenschaft. Ein Studienprogramm Bd. I–IV. 3. Aufl. Stuttgart 1980.

Herkner, W.: Sozialpsychologie. Bern u.a. 1991.

Herrmann, Th. u.a. (Hrsg.): Handbuch psychologischer Grundbegriffe. München 1977.

Hildebrandt, K. A.: Effect of facial expression variations on ratings of infants' physical attractiveness. in: Developmental Psychology 19 (1983) 414–417.

Hoffmann, N. (Hrsg.): Grundlagen kognitiver Therapie. Theoretische Modelle und praktische Anwendung. Bern/Stuttgart/Wien 1978.

Huppertz, N.: Supervision. Neuwied/Darmstadt 1975.

Husain, A. u. A. Kureshi: Value similarity and friendship. A study of interpersonal attraction. in: American Psychologist 26 (1983) 167–174.

James, T. u. W. Woodsmall: Time Line. NLP-Konzepte zur Grundstruktur der Persönlichkeit. 2. Aufl. Paderborn 1992.

Jacobson, E.: Progressive Relaxation. Chicago 1938.

Kirsten, R. E. u. J. Müller-Schwarz: Gruppen Training. Ein Übungsbuch mit 59 Psycho-Spielen, Trainingsaufgaben und Tests. Reinbek 1982.

Kliebisch, U.: Einführung in die Pädagogik der personalen Interaktion. Theoretische Grundlegung und Möglichkeiten der praktischen Anwendung. Bochum 1981.

Kliebisch, U.: Beratungsgespräche. in: ders. u. R. Eichmann: Vergiß das Fühlen nicht! Schulische Beratung in Theorie und Praxis. Bochum 1991. 9 ff. (1991a).

Kliebisch, U.: Kommunikationstraining für Lehrer. Ein Projekt zum Thema Feed-back. in: ders. u. R. Eichmann: Vergiß das Fühlen nicht! Schulische Beratung in Theorie und Praxis. Bochum 1991. 71 ff. (1991b).

Kliebisch, U.: Das Anti-Streß-Programm. Ein Trainingsbuch zur psychologischen Selbst-Hilfe. Essen 1995.

Kliebisch, U. u. R. Eichmann: Vergiß das Fühlen nicht! Schulische Beratung in Theorie und Praxis. Bochum 1991.

Kliebisch, U./R. Eichmann u. K. H. Basten: So bestehen Sie das Abitur! Hilfen zur systematischen Prüfungsvorbereitung. Bochum.

Knaus, W. J.: Rational-emotive Erziehung. Ein Leitfaden für Lehrer zur Anwendung im Schulunterricht. Köln 1983.

Krappmann, L.: Balancierte Identität. in: Soziologische Dimensionen der Identität. 4. Aufl. Stuttgart 1975. 1 ff.

Kuiper, P. C.: Die Verschwörung gegen das Gefühl. Psychoanalyse als Hermeneutik und Naturwissenschaft. Aus d. Niederl. übers. v. H. Steinmetz. Stuttgart 1980.

Lange, W. H./L. Schwäbisch u. M. Siems: Tutorentraining. in: B. Fittkau, H.-M. Müller-Wolf u. F. Schulz v. Thun (Hrsg.): Kommunikations- und Verhaltenstraining für Erziehung, Unterricht und Ausbildung. 2. Aufl. München 1977. 130 ff.

Lauster, P.: Lassen Sie sich nichts gefallen. Düsseldorf 1985.

Lauster, P.: Lebenskunst. Wege zur inneren Freiheit. Reinbek 1988. (1988a).

Lauster, P.: Die Liebe. Psychologie eines Phänomens. Reinbek 1988. (1988b).

Lauster, P.: Menschenkenntnis. Körpersprache, Mimik und Verhalten. 3. Aufl. Düsseldorf 1988. (1988c).

Lauster, P.: Die sieben Irrtümer der Männer. Reinbek 1989. (1989a).

Lauster, P.: Wege zur Gelassenheit. Souveränität durch innere Unabhängigkeit und Kraft. Reinbek 1989. (1989b).

Lauster, P.: Der Sinn des Lebens. Düsseldorf 1989. (1989c).

Lazarus, A. u. A. Fay: Ich kann, wenn ich will. Anleitung zur psychologischen Selbsthilfe. München 1985.

Lefroncois, G. R.: Psychologie des Lernens. Übers. u. bearb. v. P. K. Leppmann, W. F. Annameyer u. Th. Thiedkötter. 2. vollk. überarb. u. erg. Aufl. Berlin u.a. 1986.

Legewie, H. u. W. Ehlers: Knaurs Moderne Psychologie. Neu bearb. u. wesentl. erw. Aufl. München 1992.

Lersch, Ph.: Gesicht und Seele. München 1971.

Lewis, H. R. u. H. S. Streitfeld: Spiele, die glücklich machen. Intensiver leben durch Psychotraining. Bergisch-Gladbach 1977.

Linneweh, K.: Streß und Streßbewältigung. Der erfolgreiche Umgang mit sich selbst. 2. Aufl. Stuttgart 1988.

Lotz, N. W.: Die Rationale Selbstanalyse – RSA – Ein Faltblatt zur erfolgreichen Selbstveränderung. Eschborn 1991.

Lotz, N. W. u. R. F. W. Diekstra: Rational-Emotive Therapie – RET – Eine zusammenfassende Betrachtung. Eschborn 1991.

Luhmann, N.: Vertrauen. Ein Mechanismus der Reduktion sozialer Komplexität. Stuttgart 1989.

Martin, D. G.: Gesprächs-Psychotherapie als Lernprozeß. Salzburg 1975.

Maslow, A. H.: Motivation und Persönlichkeit. Reinbek 1981.

Maturana, H. R. u. F. J. Varela: Der Baum der Erkenntnis. Wie wir die Welt durch unsere Wahrnehmung erschaffen – die biologischen Wurzeln des menschlichen Erkennens. 3. Aufl. Bern/München/Wien 1987.

Maultsby, M. C.: Hilf Dir selbst zum Glück. Lisse 1982.

Maultsby, M. C./A. Henricks u. R. F. W. Diekstra: Sie und Ihre Gefühle. Amsterdam/Lisse 1978.

Meichenbaum, D. W.: Kognitive Verhaltensmodifikation. München/Wien/Baltimore 1979.

Meinberg, E.: Das Menschenbild der modernen Erziehungswissenschaft. Darmstadt 1988.

Menzen, K.-H.: Artikel „Ganzheits- und Gestaltpsychologie". in: G. Rexilius u. S. Grubitzsch (Hrsg.): Handbuch psychologischer Grundbegriffe. Mensch und Gesellschaft in der Psychologie. Reinbek 1981. 356 ff.

Metzger, W.: Artikel „Ganzheit – Gestalt – Struktur". in: W. Arnold, H. J. Eysenck u. R. Meili (Hrsg.): Lexikon der Psychologie. Neuausgabe. 3. Aufl. Freiburg 1987. Bd. 1. 662 ff.

Minsel, W. R.: Praxis der Gesprächspsychotherapie. Bolau u.a. 1974.

Mohl, A.: Der Zauberlehrling. Das NLP Lern- und Übungsbuch. 2. Aufl. Paderborn 1993.

Molcho, S.: Körpersprache. München 1983.

Molcho, S.: Körpersprache als Dialog. Ganzheitliche Kommunikation in Beruf und Alltag. München 1988.

Molcho, S.: Partnerschaft und Körpersprache. München 1990.

Mucchielli, R.: Das nicht-direktive Beratungsgespräch. Salzburg 1972.

Mühlbauer, K. R.: Sozialisation. Eine Einführung in Theorien und Modelle. München 1980.

Müller, E.: Phantasie und Märchenreisen. Autogenes Training in Vorlesegeschichten. Geschichten zum Entspannen, Erholen und Träumen. Frankfurt/M. 1983.

Müller, E.: Hilfe gegen Schulstreß. Übungsanleitung zu Autogenem Training, Atemgymnastik und Meditation für Kinder und Jugendliche. Reinbek 1984.

Müller, E.: Bewußter leben durch Autogenes Training und richtiges Atmen. Übungsanleitungen zu Autogenem Training und Atemtraining; meditative Übungen durch gelenkte Phantasien. Reinbek 1988.

Müller, E.: Auf der Silberstraße des Mondes. Autogenes Training mit Märchen zum Entspannen und Träumen. Frankfurt/M. 1989.

Müller, K.: Tele-Kolleg für Erzieher. Psychologie II. 3. Aufl. München 1975.

Münch, W.: Supervision von Lehrergruppen. in: K.A. Geissler (Hrsg.): Gruppendynamik für Lehrer. Reinbek 1979.

Neubauer, W.: Analyse interpersonaler Konflikte. in: W. F. Neubauer, H. Gampe u. R. Knapp: Konflikte in der Schule. Möglichkeiten und Grenzen kooperativer Entscheidungsfindung. 3. überarb. u. erg. Aufl. Neuwied 1988. 4 ff. (1988a).

Neubauer, W.: Ein Prozeßmodell der kooperativen Entscheidungsfindung. in: W. F. Neubauer, H. Gampe u. R. Knapp: Konflikte in der Schule. Möglichkeiten und Grenzen kooperativer Entscheidungsfindung. 3. überarb. u. erg. Aufl. Neuwied 1988. 31 ff. (1988b).

Neubauer, W. F./H. Gampe u. R. Knapp: Konflikte in der Schule. Möglichkeiten und Grenzen kooperativer Entscheidungsfindung. 3. überarb. u. erg. Aufl. Neuwied 1988.

Neubauer, W. F.: Vertrauen zwischen Vorgesetzten und Mitarbeitern – eine Illusion? in: S. Höfling u. W. Butollo (Hrsg.): Psychologie für Menschenwürde und Lebensqualität Bd. 2. Bericht über den 15. Kongreß für Angewandte Psychologie. Bonn 1990. 117–121.

Neuschäfer, K.: Supervision für Lehrer – Überlegungen zu einem Konzept. in: Pädagogikunterricht 12 (1992) H. 1. 34 ff.

Newcomb, T. M.: The acquaintance process. New York 1961.

Nietzsche, F.: Morgenröte. in: Werke Bd. 1. hrsg. v. K. Schlechta. München 1966. 1099 ff.

Oerter, R.: Moderne Entwicklungspsychologie. 15. Aufl. Donauwörth 1975.

Oeser, E. u. F. Seitelberger: Gehirn, Bewußtsein und Erkenntnis. Darmstadt 1988.

Ott, E.: Das Konzentrationsprogramm. Konzentrationsschwäche überwinden – Denkvermögen steigern. Reinbek 1981.

Pacher, W.: So macht Zusammenleben Freude. Spielregeln und Übungen nach Gordons Familienkonferenz. Freiburg 1988.

Pavel, F. G.: Die klientenzentrierte Psychotherapie: Entwicklung – gegenwärtiger Stand – Fallbeispiele. München 1978.

Petermann, F.: Psychologie des Vertrauens. München 1992.

Piaget, J.: Theorien und Methoden der modernen Erziehung. Frankfurt/M. 1974.

Pühl, H. u. W. Schmidtbauer: Supervision und Psychoanalyse – Plädoyer für eine emanzipatorische Reflexion in den helfenden Berufen. München 1986.

Rempel, J. K./J. G. Holmes u. M. P. Zanna: Trust in close relationships. in: Journal of Personality and Social Psychology 49 (1985) 95–112.

Rempel, J. K. u. J. G. Holmses: Trauen Sie Ihrem Partner? Und wenn ja – wie weit? in: Psychologie heute 13 (1986). H. 4. 32–37.

Rieger, A. u. E. Schmidt-Hieber: Beratungsgespräch. in: W. Grunwald (Hrsg.): Kritische Stichwörter zur Gesprächspsychotherapie. München 1979.

Richardson, J.: Erfolgreich kommunizieren. Eine praktische Einführung in die Arbeitsweise von NLP. München 1992.

Roeck, B.-P. de: Dein eigener Freund werden. Wege zu sich selbst und anderen. Reinbek 1988.

Rogers, C. R.: Communication: It's blocking and facilitation. in: Harvard Bus. Rev. 30 (1952) 46 ff.

Rogers, C. R.: Die nichtdirektive Beratung. München 1972.

Rogers, C. R.: Die klientbezogene Gesprächspsychotherapie. München 1973.

Rogers, C. R.: Entwicklung der Persönlichkeit. 3. Aufl. Stuttgart 1979. (1979a).

Rogers, C. R.: Lernen in Freiheit. Zur Bildungsreform in Schule und Universität. 3. Aufl. München 1979. (1979b).

Rogers, C. R.: Freiheit und Engagement. Peronenzentriertes Lehren und Lernen. München 1984.

Rogers, C. R.: Die klientenzentrierte Gesprächspsychotherapie. Client-centered Therapy. Frankfurt/M. 1987. (1987a).

Rogers, C. R.: Therapeut und Klient. Grundlagen der Gesprächspsychotherapie. Frankfurt/M. 1987. (1987b).

Rogers, C. R. u. R. L. Rosenberg: Die Person als Mittelpunkt der Wirklichkeit. Aus dem Amerik. u. Portug. v. E. Görg. Stuttgart 1981.

Rokita, W.: Artikel „Gesprächspsychotherapie". in: G. Rexilius u. S. Grubitzsch (Hrsg.): Handbuch psychologischer Grundbegriffe. Mensch und Gesellschaft in der Psychologie. Reinbek 1981. 400 ff.

Rosemann, B. u. M. Kerres: Interpersonales Wahrnehmen und Verstehen. Bern 1986.

Sartre, J.-P.: Ist der Existenzialismus ein Humanismus? in: ders.: Drei Essays. Frankfurt/M./Berlin/Wien 1975. 5 ff.

Satir, V.: Kommunikation, Selbstwert, Kongruenz. Konzepte und Perspektiven familientherapeutischer Praxis. Paderborn 1990.

Saum-Aldehoff, Th.: Wie das Gehirn die Welt konstruiert. in: Psychologie heute. Jg. 20 (1993). H. 1. 58 ff.

Scheerer, H.: Wie Sie mit sich selbst und anderen besser zurechtkommen. München 1982.

Scheerer, H.: Wie Sie durch Ihr Sprechen gewinnen. 2. Aufl. München 1987.

Scheflen, A. E.: Körpersprache und soziale Ordnung. Stuttgart 1990.

Scheidt, J. v.: Der Weg ist das Ziel. Bewußtseinserweiterung. München 1989.

Schelp, Th. u.a.: Rational-Emotive Therapie als Gruppentraining gegen Streß. Seminarkonzepte und Materialien. Bern/Stuttgart/Toronto 1990.

Scherer, K.: Konflikte bewältigen. Neuhausen 1990.

Scherer, K.: Mit Streß leben. Der Weg zum inneren Gleichgewicht. 5. Aufl. Neuhausen 1991.

Scherer, K. u.a.: Die Streßreaktion: Physiologie und Verhalten. Göttingen 1985.

Schneider, K.: Lehrer-Supervision. in: Sozialpädagogik (1991) H. 3.

Schopenhauer, A.: Die beiden Grundprobleme der Ethik. in: Sämtliche Werke Bd. 3. Darmstadt 1968. 560 ff.

Schultz, I. H.: Übungsheft für das Autogene Training. Konzentrative Selbstentspannung. 15. Aufl. Stuttgart 1972.

Schulz von Thun, F.: Miteinander Reden 1. Störungen und Klärungen. Allgemeine Psychologie der Kommunikation. Reinbek 1989. (1989a).

Schulz von Thun, F.: Miteinander Reden 2. Stile, Werte und Persönlichkeitsentwicklung. Differenzielle Psychologie der Kommunikation. Reinbek 1989. (1989b).

Schulz v. Thun, F. u. B. Fittkau: Trainingsziele für das Lehrerverhalten. in: B. Fittkau, H.-M. Müller-Wolf u. F. Schulz v. Thun (Hrsg.): Kommunikations- und Verhaltenstraining für Erziehung, Unterricht und Ausbildung. 2. Aufl. München 1977. 56 ff.

Schwartz, D.: RE-Therapie. So wird man sein eigener Psychologe. Landsberg 1981.

Schwartz, D.: Gefühle erkennen und positiv beeinflussen. Landsberg 1987.

Schweer, M.: Handeln in sozialen Berufen. Essen 1992.

Scobel, W. A.: Was ist Supervision? Göttingen 1988.

Sigall, H. u. N. Ostrove: Beautiful but dangerous. Effects on offender attractiveness and nature of the crime on juridic judgement. in: Journal of Personality and Social Psychology 3 (1975). 410–414.

Snyder, M.: When belief creates reality. in: L. Berkowitz (Ed.): Advances in experimental social psychology. Vol. 18. New York 1984. 247–305.

Stalmann, R.: Handbuch Psychologie. München 1982.

Tarr-Krüger, I.: Lampenfieber. Ursachen – Wirkung – Therapie. Stuttgart 1993.

Tausch, R.: Gesprächspsychotherapie. 5. Aufl. Göttingen 1973.

Tausch, R. u. A.-M.: Tausch: Erziehungspsychologie. Begegnung von Person zu Person. 9. Aufl. Göttingen 1979.

Tausch, R. u. A.-M. Tausch: Wege zu uns und anderen. Menschen suchen sich selbst zu verstehen und anderen offener zu begegnen. Reinbek 1989.

Thomas, K.: Praxis der Selbsthypnose des Autogenen Trainings (nach I. H. Schultz). Formelhafte Vorsatzbildung und Oberstufe. 3. überarb. u. erw. Aufl. Stuttgart 1972.

Truax, C. B.: Reinforcement and on reinforcement in Rogerian psychotherapy. in: J. abnormal and social Psychol. 71 (1966). 1 ff.

Truax, C. B. u. R. R. Carkhuff: Experimental manipulations of therapeutic conditions. in: J. consult. Psychol. 29 (1965) 119 ff.

Truax, C. B. u. K. M. Mitchell: Research on certain therapist interpersonal skills in relation to process and outcome. in: A. E. Bergin u. S. L. Garfield (Hrsg.): Handbook of psychotherapy and behavior change. New York 1971.

Uttendorfer-Marek, I.: Aus der Praxis lernen oder: Wie finden wir heraus, was in den Köpfen von Lehrern und Schülern vorgeht. in: A. C. Wagner u.a.: Unterrichtspsychogramme. Was in den Köpfen von Lehrern und Schülern vorgeht. Reinbek 1981. 17 ff. (1981a).

Uttendorfer-Marek, I.: Wahrnehmen und Verstehen ohne zu interpretieren. Aufgabenbeschreibung für die Gruppenarbeit. in: A. C. Wagner u.a.: Unterrichtspsychogramme. Was in den Köpfen von Lehrern und Schülern vorgeht. Reinbek 1981. 386 ff. (1981b).

Vester, F.: Phänomen Streß. Wo liegt sein Ursprung, warum ist er lebenswichtig, wodurch ist er entartet? München 1978.

Vester, F.: Denken, Lernen, Vergessen. Was geht in unserem Kopf vor, wie lernt das Gehirn, und wann läßt es uns im Stich? 6. Aufl. München 1980. (1980a).

Vester, F.: Neuland des Denkens: Vom technokratischen zum kybernetischen Zeitalter. 2. Aufl. München 1984.

Vester, F.: Unsere Welt – ein vernetztes System. 2. Aufl. München 1985.

Vopel, K. W.: Kinder ohne Streß. 5 Bde. 2. Aufl. Hamburg 1991.

Vopel, K. W. u. R. E. Kirsten: Kommunikation und Kooperation. München 1974.

Wagner, A. C.: Knoten und Verwirrungen im Denken oder: Wie wir uns selber den Blick versperren. in: dies. (Hrsg.): Unterrichtspsychogramme. Was in den Köpfen von Lehrern und Schülern vorgeht. Reinbek 1981. 355 ff. (1981a).

Wagner, A. C.: Nachträgliches Lautes Denken als Methode der Selbsterfahrung. Was kann ich als Lehrerin oder Lehrer damit anfangen? in: dies. (Hrsg.): Unterrichtspsychogramme. Was in den Köpfen von Lehrern und Schülern vorgeht. Reinbek 1981. 341 ff. (1981b).

Wagner, A. C. (Hrsg.): Unterrichtspsychogramme. Was in den Köpfen von Lehrern und Schülern vorgeht. Reinbek 1981.

Watzlawick, P.: Anleitung zum Unglücklichsein. 10. Aufl. München 1984.

Watzlawick, P.: Die Möglichkeit des Andersseins. Zur Technik der therapeutischen Kommunikation. Bern 1986.

Watzlawick, P.: Wie wirklich ist die Wirklichkeit? Wahn, Täuschung, Verstehen. München 1987.

Watzlawick, P./J. H. Beavin u. D. D. Jackson: Menschliche Kommunikation. Formen, Störungen, Paradoxien. 8. Aufl. Bern 1990.

Watzlawick, P., J. H. Weakland u. R. Fisch: Lösungen. Zur Theorie und Praxis menschlichen Wandels. Bern 1974.

Weber, W.: Wege zum helfenden Gespräch. 5. Aufl. Basel 1980.

Weischedel, W.: Skeptische Ethik. Frankfurt/M. 1976.

Weiß, J. unt. Mitarb. v. I. Kirchner: Selbst-Coaching. Persönliche Power und Kompetenz gewinnen. 3. Aufl. Paderborn 1992.

Welt des Nigel Hunt, Die: Tagebuch eines mongoloiden Jungen. 3. Aufl. München/Basel 1979.

Wessler, R. A. u. R. L. Wessler: The Principles and Practice of Rational-Emotive Therapy. San Francisco 1980.

Wieck, W.: Männer lassen lieben. Die Sucht nach der Frau. 8. Aufl. Stuttgart 1988.

Wieck, W.: Wenn Männer lieben lernen. Stuttgart 1990.

Wiesenhütter, J. (Bearb.): Streß und Streßbewältigung. 3 Bde. Trier 1991.

Zundel, E. u. R. Zundel: Leitfiguren der Psychotherapie. Leben und Werk. München 1987.

ANHANG: TEST

„Will Beratung wirklich effektiv sein, muß sie den Ratsuchenden dazu befähigen, über sich hinauszuwachsen, mithin sein Verhalten tatsächlich zu verändern. (...) Erst dann, wenn Berater und Ratsuchender sich wechselseitig aufeinander einzulassen bereit sind, wenn sie in vertrauensvoller Offenheit interagieren, ihre Gefühle nicht verbergen, vielmehr zu artikulieren in der Lage sind, erst dann hat Beratung Aussicht auf einen Erfolg, der durchträgt.“

(Kliebisch/Eichmann 1991, 5/6)

In diesem Kapitel

- haben Sie die Möglichkeit, bisher Gelerntes nochmals zu bedenken;

- können Sie Ihr Wissen überprüfen.

Zum Abschluß dieses Buches bieten wir Ihnen einen Test, den wir in seinen Grundzügen bei Eikmann (1982) gefunden und für unsere Zwecke an verschiedenen Stellen erweitert und verändert haben. Einige Testfragen sind wörtlich übernommen.

Mit Hilfe dieses Tests können Sie versuchen, das bis hierher Gelernte nochmals zu bedenken oder einfach auch Ihr Wissen zu überprüfen. Beachten Sie jedoch, daß es bei den meisten Testfragen nicht **die** richtige Antwort gibt. Was im einzelnen als richtig oder weniger richtig, als hilfreich oder weniger hilfreich anzusehen ist, hängt von vielen Faktoren ab, nicht zuletzt davon, wie Sie sich als Berater in der jeweiligen Situation fühlen, wie sich Ihr Klient konkret verhält und welche gemeinsamen Erfahrungen Sie bereits miteinander gemacht haben.

Wenn Sie sich also mit dem hier abgedruckten Test beschäftigen, tun Sie dies mit der einem solchen Instrumentarium gegenüber gebotenen Vorsicht und Zurückhaltung. Nach unserer Vorstellung können und sollten Sie mit den Testfragen folgendermaßen effektiv arbeiten:

1. Machen Sie den Test erst, wenn Sie das Buch bis hierher gelesen und den Eindruck haben, das Wesentliche des bisher Gesagten auch verstanden zu haben.

2. Führen Sie den Test erst dann durch, wenn Sie (fast) alle Übungen, die in den Kapiteln 1 bis 3 vorgestellt werden, auch tatsächlich mindestens einmal praktisch umgesetzt haben. Nutzen Sie die auf diese Weise gewonnene Erfahrung für die Bearbeitung der Testfragen.

3. Kreuzen Sie bei den Test-Aussagen 1–25 zunächst Ihre Einschätzung an, ob das jeweils beschriebene Beraterverhalten als „sehr hilfreich", „hilfreich", „weniger hilfreich" oder „nicht hilfreich" zu beurteilen ist. Berücksichtigen Sie dabei sowohl Ihre Kenntnisse über als auch Ihre Erfahrungen mit Beratungsprozessen.

4. Begründen Sie anschließend Ihre Meinung mit Hilfe einiger Notizen. Verwenden Sie dazu den jeweiligen Freiraum unter der Frage.

5. Wenn Sie im Einzelfall eine Testfrage nicht beantworten können oder sich unsicher sind, welche die beste Antwort ist und/oder wie man sie begründen sollte, lesen Sie ggf. noch einmal an geeigneter Stelle in den Kapiteln 1 bis 3 nach. Lassen Sie sich Zeit!

6. Günstig ist es, wenn Sie die Möglichkeit haben, den Test zusammen mit anderen Beratern durchzuführen. Die Chance, sich bei dieser Gelegenheit mit ihnen auszutauschen, wird sich für alle dann Beteiligten zweifellos positiv auf das Gesamtergebnis des Tests auswirken.

1. Der Berater beruhigt den Ratsuchenden mit dem Sprichwort „Es ist noch kein Meister vom Himmel gefallen".

   sehr hilfreich   ○   hilfreich   ○
   weniger hilfreich   ○   nicht hilfreich   ○

   _____

   _____

   _____

2. Der Berater bietet spontan mehrere Lösungen für das Problem des Ratsuchenden an.

   sehr hilfreich   ○   hilfreich   ○
   weniger hilfreich   ○   nicht hilfreich   ○

   _____

   _____

   _____

3. Der Berater versucht, von seinen eigenen Erfahrungen zu sprechen und damit beim Ratsuchenden Sympathie zu wecken.

   sehr hilfreich   ○   hilfreich   ○
   weniger hilfreich   ○   nicht hilfreich   ○

   _____

   _____

   _____

4. Der Berater versucht, den Ratsuchenden nicht auszufragen.

   sehr hilfreich   ○   hilfreich   ○
   weniger hilfreich   ○   nicht hilfreich   ○

   _____

   _____

   _____

5. Der Berater bemüht sich, durch Fragen möglichst rasch Klarheit über das Problem zu gewinnen.

sehr hilfreich	O	hilfreich	O
weniger hilfreich	O	nicht hilfreich	O

6. Der Berater versucht, eine Ursache für das geschilderte Problem zu finden.

sehr hilfreich	O	hilfreich	O
weniger hilfreich	O	nicht hilfreich	O

7. Der Berater ermuntert den Ratsuchenden, seine Gefühle deutlicher wahrzunehmen, zu akzeptieren und an geeigneter Stelle auch zu artikulieren.

sehr hilfreich	O	hilfreich	O
weniger hilfreich	O	nicht hilfreich	O

8. Der Berater versucht, nicht vom Aussehen bzw. Auftreten des Ratsuchenden auf dessen Charakter zu schließen.

sehr hilfreich	O	hilfreich	O
weniger hilfreich	O	nicht hilfreich	O

9. Der Berater versucht zu berücksichtigen, daß er seine Wahrnehmungen im Sinne seiner persönlichen Erfahrungen und Vorurteile verfälscht bzw. interpretiert.

sehr hilfreich	○	hilfreich	○
weniger hilfreich	○	nicht hilfreich	○

_____

_____

_____

10. Der Berater versucht, auf möglichst vielfältige Weise Rapport zu seinem Klienten herzustellen und während der Beratung fortlaufend aufrechtzuerhalten.

sehr hilfreich	○	hilfreich	○
weniger hilfreich	○	nicht hilfreich	○

_____

_____

_____

11. Der Berater versucht, von bekannten Annahmen (z.B. hohe Stirn bedeutet Intelligenz, gebückter Gang verrät Sorgen) auf den Charakter des Ratsuchenden zu schließen.

sehr hilfreich	○	hilfreich	○
weniger hilfreich	○	nicht hilfreich	○

_____

_____

_____

12. Der Berater nimmt jedes Gefühl des Ratsuchenden ernst und versucht es zu spiegeln.

sehr hilfreich	○	hilfreich	○
weniger hilfreich	○	nicht hilfreich	○

_____

_____

_____

13. Der Berater fragt den Ratsuchenden sofort im Anschluß an die Begrüßung nach seinen Sorgen.

sehr hilfreich   O   hilfreich   O
weniger hilfreich   O   nicht hilfreich   O

14. Der Berater wird persönliche Ratschläge geben, wann immer er dies für sinnvoll hält, um dem Ratsuchenden möglichst rasch das Gefühl zu geben, daß er etwas zur Bewältigung seines Problems tun kann.

sehr hilfreich   O   hilfreich   O
weniger hilfreich   O   nicht hilfreich   O

15. Der Berater wird sich regelmäßig im Anschluß an das Beratungsgespräch Rechenschaft über sein Tun ablegen. Er wird zu diesem Zweck entweder Nachträgliches Lautes Denken anwenden oder sich einer Supervisionsgruppe anschließen.

sehr hilfreich   O   hilfreich   O
weniger hilfreich   O   nicht hilfreich   O

16. Der Berater versucht, grundsätzlich nur aktiv und/oder passiv zuzuhören. Er bemüht sich darum, dem Ratsuchenden emotionale Wärme, Empathie und Akzeptanz entgegenzubringen.

sehr hilfreich   O   hilfreich   O
weniger hilfreich   O   nicht hilfreich   O

17. Der Berater kennt das A-B-C-D-E-Schema als Modell für die Struktur interner Verarbeitungsprozesse beim Menschen und wird es bei der Bearbeitung der Probleme des Ratsuchenden stets als Hilfsmittel einsetzen.

sehr hilfreich	○	hilfreich	○
weniger hilfreich	○	nicht hilfreich	○

18. Der Berater wird stets darum bemüht sein, das rational-emotive Gleichgewicht des Ratsuchenden möglichst rasch wieder herzustellen.

sehr hilfreich	○	hilfreich	○
weniger hilfreich	○	nicht hilfreich	○

19. Der Berater sollte dem Ratsuchenden niemals Feedback geben, wenn dies ungünstig für den Ratsuchenden ausfällt.

sehr hilfreich	○	hilfreich	○
weniger hilfreich	○	nicht hilfreich	○

20. Der Berater bereitet sich konsequent auf seine Gespräche vor; zu diesem Zweck wird er Autogenes Training anwenden.

sehr hilfreich	○	hilfreich	○
weniger hilfreich	○	nicht hilfreich	○

21. Der Berater weiß um die Bedeutung des Vertrauens als Basiskomponente menschlicher Beziehungen und wird sich daher darum bemühen, dem Ratsuchenden gegenüber vertrauensvoll aufzutreten.

sehr hilfreich   O   hilfreich   O
weniger hilfreich   O   nicht hilfreich   O

22. Der Berater wird dafür sorgen, daß der Ratsuchende vor allem seine Gefühle zum Ausdruck bringt.

sehr hilfreich   O   hilfreich   O
weniger hilfreich   O   nicht hilfreich   O

23. Der Berater hat ein Verständnis für einen ganzheitlichen Ansatz in der Beratung. Daher wird er sich darum bemühen, den Ratsuchenden als ganzen Menschen, als Einheit aus Vernunft und Gefühl ernst zu nehmen und zu unterstützen.

sehr hilfreich   O   hilfreich   O
weniger hilfreich   O   nicht hilfreich   O

24. Der Berater wird am Ende eines Beratungsgesprächs das Erarbeitete zusammenfassen und einen Ausblick auf die nächste Sitzung geben.

sehr hilfreich   O   hilfreich   O
weniger hilfreich   O   nicht hilfreich   O

25. Der Berater wird nur dann gegenüber dem Ratsuchenden eine vollständige Transparenz im Blick auf die während der gemeinsamen Arbeit angewandten Methoden herstellen, wenn der Hilfesuchende dies ausdrücklich wünscht.

sehr hilfreich   ○   hilfreich   ○
weniger hilfreich   ○   nicht hilfreich   ○

Raum für persönliche Anmerkungen

Raum für persönliche Anmerkungen

Dr. phil. Udo W. Kliebisch
ist psychologisch ausgebildeter Beratungslehrer und Dozent in der Lehreraus- und -fortbildung.

Udo W. Kliebisch berät Lehrerinnen und Lehrer, Schülerinnen und Schüler sowie jeden, der etwas Gutes für sich tun oder mehr aus sich machen möchte. Die Beratung erfolgt nach Wunsch einzeln oder in Gruppen und kann auch als Seminar durchgeführt werden.

Beratungs- und Seminarthemen sind u. a.

- Streßbewältigung im Alltag und im Beruf
- NLP als Hilfe für den (Schul-)Alltag
- Hilfe bei Schul- und Lebensängsten
- Hilfe bei Eßstörungen
- Raucherentwöhnung
- Beratungstechniken, Beratungsmethoden
- Kommunikationstraining
- Selbstsicherheitstraining
- Übungen im freien Reden
- Persönlichkeitstraining
- Konfliktmanagement
- Verkaufstraining
- Lern-, Leistungs- und Motivationsprobleme
- Zeitmanagement

Anfragen bitte schriftlich an:

Dr. Udo W. Kliebisch
Training und Beratung
Paulstr. 9 B
44803 Bochum